| 光明社科文库 |

当代青年核心价值观教育

徐九仙◎著

光明日报出版社

图书在版编目（CIP）数据

当代青年核心价值观教育 / 徐九仙著 . -- 北京：
光明日报出版社，2023.5
ISBN 978 - 7 - 5194 - 7273 - 3

Ⅰ.①当… Ⅱ.①徐… Ⅲ.①青年—社会主义核心价
值观—研究—中国 Ⅳ.①D616②D432.62

中国国家版本馆 CIP 数据核字（2023）第 096217 号

当代青年核心价值观教育
DANGDAI QINGNIAN HEXIN JIAZHIGUAN JIAOYU

著　　者：徐九仙

责任编辑：李　倩　　　　　　　　责任校对：李壬杰　龚彩虹
封面设计：中联华文　　　　　　　责任印制：曹　净

出版发行：光明日报出版社

地　　址：北京市西城区永安路 106 号，100050

电　　话：010 - 63169890（咨询），010 - 63131930（邮购）

传　　真：010 - 63131930

网　　址：http://book.gmw.cn

E - mail：gmrbcbs@gmw.cn

法律顾问：北京市兰台律师事务所龚柳方律师

印　　刷：三河市华东印刷有限公司

装　　订：三河市华东印刷有限公司

本书如有破损、缺页、装订错误，请与本社联系调换，电话：010 - 63131930

开　　本：170mm×240mm

字　　数：130 千字　　　　　　　印　　张：11

版　　次：2024 年 1 月第 1 版　　　印　　次：2024 年 1 月第 1 次印刷

书　　号：ISBN 978 - 7 - 5194 - 7273 - 3

定　　价：85.00 元

目　录
CONTENTS

第一章

导 论

一、本书的目的和意义

随着经济全球化不断深入，相较于传统军事领域安全问题，文化安全问题越来越凸显。一方面，全球化带来了各个国家和民族之间的政治经济和文化融合。另一方面，西方主导的全球化具有西方的政治逻辑，并非真正有利于不同国家和民族共享的全球化，而是国家、民族利益在世界范围内的博弈。西方发达国家利用其经济优势、先进信息科技及网络等传播技术手段，潜移默化地进行文化上的影响和渗透，从而使其他国家被动或主动地接受其政治、经济和文化理念。面对强势的外来文化、最新的信息技术和传播手段，维护我国的文化安全成为一个现实而紧迫的任务。事实上，这些现实和潜在的文化强权因素正在深刻地影响着广大青年的学习、生活和身心成长，也在逐渐改变着他们的价值观、思维方式和行为方式。① 因此，青年核心价值观教育对文化安全有着重要意义。

---

① 徐九仙. 论文化安全视野下青年核心价值观 [J]. 当代青年研究, 2011 (1): 21.

在矛盾、复杂和多元的国际形势下，中西方两种文化之争不仅不会消失反而会更加复杂。"工业革命以来，二百多年的时间，西方一直在主导着这个世界，而今天这个主导地位受到了威胁。威胁不是来自俄国人，他们至少在部分上还是西方传统的后裔；威胁也不是来自阿拉伯世界，因为等到他们沙漠底下的石油越来越少的时候，他们对西方的压力就会减弱。西方今天所受到的威胁，根本上是那些来自继承了儒教文化的东亚人。迄今为止，只有他们才对西方的经济、政治乃至军事提出了真正的挑战。"① 随着中国国家实力的增长和国际影响力的增强，任何一个突发事件都可能触发中西方两种制度和两种文化之间的争论。

中西方两种文化之争正在广泛而深刻地影响着当代中国青年。这种影响不仅有自发的，源自西方国家的文化特性和吸引力，同时也有西方国家有意而为之的对外战略的结果，利用其经济优势和科技优势，对他国青年的文化价值理念进行有意识的影响和渗透。西方强势文化不仅有学术界的各种理论、概念、术语所建构起的话语体系，还有在日常生活中与青年日常生活息息相关的电影、游戏、音乐等文化产品，背后都带有西方国家的思维逻辑、价值理念和文化因素。青年核心价值观教育不仅关系着青年的自身成长；更关系着强势的外来文化与中国的主流文化和传统文化对当代中国青年的影响力问题；关系着当代中国青年在外来文化影响下，能够在多大程度上了解、认同和接受中国的主流文化和中国传统文化，并保存其特性的问题，这些问题对于维护我国文化安全都至关重要。

---

① 丁学良. 我读天下无字书 [M]. 北京：北京大学出版社，2011：4.

（一）理论意义

1. 从研究视角来看，本书属于国际关系学和教育学领域跨学科研究的一次尝试。从文化安全这个国际关系学理论视角出发，我们可以更清楚地认识到青年核心价值观教育的文化安全属性，并为青年核心价值教育内容和模式提供一种可行的分析路径，具有跨学科研究的理论价值。青年价值观问题作为一个古老而又崭新的课题，牵涉内容广泛，既包括哲学、美学、经济学、伦理学、心理学，又涉及爱情学、社会学等学科领域。因此对青年核心价值观教育的研究并不仅仅局限于教育领域，还可以尝试从多个学科出发进行跨学科综合研究。青年核心价值观包括政治价值观、经济价值观、道德价值观、审美价值观、爱情价值观、职业价值观等，现有研究成果细致入微地对青年价值观教育相关问题进行了阐释，但仍然缺乏系统性，没有从整体上和国家文化安全的层面去把握青年核心价值观教育的重要性和意义。随着全球化进程的加深，文化安全问题越来越凸显。文化安全是国家安全的重要内容之一，关系着国家和民族的生存和长远发展。在全球化背景下，从文化安全的理论视角研究青年价值观教育问题具有重要的理论意义。

2. 从研究对象来看，本书拟对当代中国青年核心价值观的教育问题进行系统化研究和探讨。从文化安全角度对当代中国青年核心价值观的形成、培育和引导进行系统化和理论化思考，并探讨建构当代中国青年核心价值观体系的可行性路径。当代中国青年核心价值观是当代中国青年价值准则体系中关键和核心的部分，是当代中国青年对自身和自身之外世界的各种事物是否有价值、价值多少以及为何有这些价值的确认和认同。它需要回答的问题包括当代中国青年对自己的认知，我是谁，我从何处来，向何处去，我最大的价值是什么，为什么以及如何实现等一系列根本性问题。这些问题背后包含了当代中国青年对当前主流意识形态价值理念和本民族传统价值理念的认知和态度。这一价值和准则体系应该具有什么特征？本书注重文化安全角度的研究，具体来说，是从认同当前主流意识形态价值理念、维护和传承本民族文化和传统特性以及对外来文化认知和风险防范等多重角度对这一准则体系进行定性的规定。在全球化冲击下，我们既不能完全孤立于全球化之外，也不能无选择无判断地全盘接受，而是要在文化全球化和文化本土化、文化传统之间寻求平衡。不同地区、国家和民族都具有一定的文化差异，具有不同价值理念和文化传统，如何在价值多元的世界更好地维护我国的文化安全，对本民族文化和传统的保持就显得尤为重要。

（二）现实意义

1. 使当代中国青年更好地认识到其作为文化传承主体和载体的责任和义务，充分发挥其主观能动性，为维护我国文化安全发挥应有的作用。文化安全为当代中国青年核心价值观教育研究提供了新的视角。当代中国青年核心价值准则体系既要有利于当代主流意识形态理念的认同，也要有利于中华优秀传统文化价值理念的传承、发展和创新等。在维护我国文化安全上可能面临哪些危机和挑战？这些危机和挑战会以何种形式出现？当代中国青年是否认识到自身在文化传承和维护我国文化安全上的责任，是否认识到这些可能的危机和挑战和自己息息相关？当代青年核心价值观教育对维护我国的文化安全会产生什么积极或消极的影响？从文化安全视角引发的一系列思考，都是现实需要回答和解决的问题。希望本书的研究能对这些问题进行初步的探讨和回应。

2. 使中国青年增强对当前主流文化和本民族传统文化价值理念的认同感、文化自信和文化自觉意识。社会学家费孝通先生指出，所谓"文化自觉"，它指生活在一定文化历史圈子的人对其文化有自知之明，并对其发展历程和未来有充分的认识。换言之，是文化的自我觉醒、自我反省、自我创建。实现文化自觉是一个艰难的过程，只有在认识自己的文化，理解并接触到多种文化的基础上，才有条件在这个正在形成的多元文化世界里确立自己的位置。对于国家、政府和学者而言，要善于总结、发现和提升当前主流文化和本民族文化的吸引力。对于当代中国青年而言，我们既要对外来文化和价值理念有一定的了解、认知和一定程度的接受，也要对当前主流文化和本民族优秀传统文化和价值理念有更深的了解、认知和认同，并在此基础上自然而然产生一种文化自信和文化自觉意识。我们既不能排斥外来文化，同时也要加强引导，使青年在接触和了解多元文化的基础上，通过核心价值观教育引导青年对当前主流文化和自身文化传统的创造力和吸引力有更深的认识。在当代中国青年核心价值观教育内容和教育方式上对中国传统文化及价值理念的重视是本书的一个重要方面。

3. 从文化安全视角对青年核心价值观教育内容进行深度思考，并在此基础上探讨当代中国青年核心价值观教育可行的路径和方法。有哪些可行路径和方法可以对当代中国青年核心价值观的教育和引导机制进行合理地规划？从文化安全视角出发，有针对性地进行研究，并提供一定的解决问题的思路和可行性路径。青年核心价值观教育不仅仅关系着青少年本身的成长，关系着国内社会稳定和道德建设，而且关系着国家文化安全的重要变量。如何更有效地引导青年的核心价值观，顺利地开展当代中国青年的价值观教育，是现实而紧迫的任务。

二、核心概念界定

（一）文化安全

文化安全作为一个完整概念第一次在外交领域明确提出是在2002 年的第 57 届联合国大会上，由当时中国的外交部长唐家璇提出来的。面对复杂而深刻的国际环境，国家安全的表现形式不断发生变化，不再是过去单纯的军事问题，是政治、经济、文化各种问题相互交织，而文化安全问题的重要性越来越凸显。"文化安全是一种非传统安全要素，与政治安全、经济安全、国民安全、国土安全等共同构成了国家安全体系。"[①] 文化安全具有非常丰富的内涵。学者指出，完整意义上的国家安全应当包括：主权安全、军事安全、经济安全和文化安全。文化安全主要是一国精神财富的安全，其中包括一国的民族信仰、文化传统、道德精神和文化遗产等方面的内容。在这四者当中，相比较而言，捍卫主权安全和军事安全比捍卫经济安全和文化安全更容易一些。因为一般来讲，对主权安全和军事安全的威胁来得比较直接，是显而易见的；而对经济安全和文化安全的威胁比较隐蔽，不易及时发现。在前两种安全问题上，双方的敌我关系泾渭分明；而在后两种安全问题上，双方的关系比

---

① 张雪侠. 学校教育与国家文化安全——评《国家文化安全治理》［J］. 中国教育学刊，2021（12）：147.

较复杂，很难用一刀切或某种极端的办法去解决。因此，捍卫经济安全和文化安全的困难在和平环境下就显得特别突出。① 文化安全就是指一个主权国家确保文化性质得以保存、文化功能得以发挥，文化利益不受威胁和侵略的状态，文化安全的核心是意识形态和价值观念。② "'文化安全'主要是指人们认为自己所属'国家—民族'的'基本价值'和'文化特性'不会在全球化大势下逐渐消失或退化的'安全感'。具体指：1.政治文化和社会管理制度上的安全感；2.传统文化和独特价值体系上的安全感；3.民族语言和信息传播上的安全感；4.国民教育体系和国民素质上的安全感等。"③

"现在在总体国家安全观下的文化安全观，首先应该是政治文化，实际上是主流文化意识形态的建设；第二是产业文化的安全，主要关系到经济发展对制度建设的促进作用，产业文化发展不能消解社会主义基本经济制度；第三是消费文化的安全，关系到社会主义的良好风俗和风尚的形成、文化习惯的形成，还包括很好的文化生活方式的培养；最后一个是学术文化的安全。"④

从这些关于文化安全的定义和分析来看，文化安全并不是静态的而是动态的多元的概念。在经济全球化和文化多元时代，既要维护主流意识形态安全，又要维护传统价值理念的安全；既要有时代

---

① 许嘉.国际经济与国家安全概念的重新界定［J］.解放军外语学院学报，1998（6）：97.

② 朱传荣.试论面向21世纪的中国文化安全战略［J］.江南社会学院学报，1999（1）：9.

③ 潘一禾.文化安全［M］.杭州：浙江大学出版社，2007：28.

④ 赵丽，周思."文化安全"如何为国家安全保驾护航［N］.法治日报，2014-4-23（04）.

的创新精神，也要有历史的传承精神；既要有在对世界多元文化了解的基础上所具有的包容精神，也要有保持自身文化特性的安全感和感召力。

（二）青年

本书使用的青年概念主要是指当代中国青年。从年龄阶段来看，不同的国家和地区，不同学科青年的年龄划分也不同。青年是由青春期到成熟期，由儿童向成人过渡的时期。有学者指出，从人类社会化进程的特点来看，经济独立是主要标准之一，青年阶段应是从经济初步独立向完全独立过渡的社会化时期。本书确定的青年概念大致采用的是 16~35 岁这个年龄段①，基本涵盖了 80 后和 90 后青年。在具体讨论中年龄可能在这个区间有细微的波动，例如 15 或 36 岁也会被纳入进来，并不影响本书对青年的界定，年龄只是一个参考值，同时还要综合考虑社会地位和社会心理素质等因素。

本书对青年的界定年龄只是一个相对的参考变量，主要还是考虑他们的社会地位和社会心理素质，考虑从不成熟向成熟、从经济依赖到经济独立过渡的这段特殊的人生阶段。这一时期表现出比较明显的特征，比如，他们既有活力、开放、创新，容易接受新事物，但又不稳定、容易叛逆，尚未形成比较稳定的价值评判标准。在价值观上，是一个极具可塑性的群体。正因为这些互相矛盾又不稳定的因素存在，相比于让青年的自我价值放任自流地形成，或者被错误引导和有意破坏所产生的负面影响，对青年核心价值观的有效教育和积极引导会产生非常大的正面效应。作为文化传承的主

---

① 我国规定的九年义务教育完成后年龄基本在 16 岁，劳动法确立的就业合法年龄也在 16 周岁.

体，青年的核心价值观取向将对我国的文化安全产生重大而深远的影响。这也是本文从文化安全的角度对当代青年核心价值观进行探讨的初衷。

（三）核心价值观教育

一般认为，核心价值观就是某一社会群体判断社会事务时依据的是非标准，遵循的行为准则。"核心价值观，承载着一个民族、一个国家的精神追求，体现着一个社会评判的是非曲直的价值标准。"① 青年价值观是青年在自身发展过程中对各种事物、现象、自身的认识评价和决定取舍所依据的最基本的是非标准和遵循的行为准则。② 核心价值观本身是一个非常抽象的概念，具有非常丰富的内涵，针对核心价值观，学者们从不同的维度进行了界定，相应地，青年核心价值观的内涵也非常丰富。比如从内容层次上划分的政治观、道德观、时代观、实践观和历史观；比如，从主流的政治意识形态出发，将社会主义核心价值观的体系作为青年核心价值观的内容和践行标准，提出爱国、向上、奉献等当代青年核心价值观的基本精神因子。社会主义核心价值观，是社会主义核心价值体系整体中的内核，是一个人、一个集团、一个民族最宝贵的精神支柱。它根植于社会文化和人的心灵，可以稳定而持久地影响着个体和群体的理想、信念和价值取向。当代青年的核心价值观根据党和国家的需要、青年成才的特点，以及便于记忆利于践行这三大原则，可以定位为"爱国、向上、奉献"六个大字。爱国，青年树立

---

① 黄鲁玢. 优秀地域文化资源在大学生社会主义核心价值观教育中的实践研究 ［M］. 哈尔滨：黑龙江人民出版社，2020：1.

② 徐九仙. 论文化安全视野下青年核心价值观 ［J］. 当代青年研究，2011（1）：26.

社会主义核心价值观的首要之义；向上，最具青年特色的人生价值取向；奉献，当代青年价值取向的高尚境界。① 青年核心价值观的内涵是丰富的，如何归纳和总结青年核心价值观的要素，体现了看待问题的不同视角。

价值观教育是指用正确的价值标准引导青年看待世界、看待社会、认识人生以及正确地理解生活的价值，为青年的行为提供价值导向和动力，使青年具有正确的人生信仰、自觉维护社会的稳定发展、传承与发展社会文化，促使青年将正确的价值观内化于心、外化于行。② 青年核心价值教育就是对青年核心价值观的价值引导和培育过程，是青年核心价值观知识的传递、核心价值能力和核心价值观践行能力的培养过程。

本书从文化安全的视角对青年核心价值观教育进行研究和解读，对当代中国青年核心价值观教育的内容重点从当前的主流意识形态安全与中国传统文化和价值理念传承安全的角度进行界定。在这个基础上，分别对当代中国青年核心价值观教育的内容、方式方法问题进行相应的分析，例如，对中国传统文化和价值理念的传承安全来说，在青年的核心价值观教育内容上要注重对中国传统文化价值理念的核心要素进行提炼和总结；在青年价值观教育的可行路径上要注重传统方式方法和与时俱进的方式方法的结合，找到适合青年的核心价值观教育的有效路径。当代中国青年核心价值观是一个多变和动态的概念，我们从文化安全的角度，提出了在中国青年

①　黄志坚. 共青团引领青年的职能、路径与方法 [J]. 北京青年工作研究，2010（10）：15-17.
②　戴冰. 青年思想政治工作学引论 [M]. 上海：上海交通大学出版社，2019：96.

核心价值观教育和价值观形成过程中，在加强当前主流意识形态价值理念教育的基础上，也要注重和强化中华优秀传统文化元素，进一步加强中国优秀传统文化的核心价值观理念，这是本文的切入点和创新点之一。

三、国内外研究现状

（一）国外研究现状

国外研究主要侧重于文化安全理论视角以及价值观的理论探讨，将两者结合起来针对青年进行专门的研究还比较少。

1. 关于文化安全理论。文化安全理论最早的话语体系主要是源于西方国家。文化安全问题涉及国际关系心理学、文化心理学、政治心理学、国际关系伦理学等不同学科。《想象的共同体》一书的作者本尼迪克特·安德森（Benedict Anderson）认为不同民族具有不同的属性根源于本民族的感情体验和本民族的文化传统。民族是一种根源于共同的特殊文化的"想象的共同体"。在想象的共同体形成的诸多因素中，例如，宗教信仰的领土化、古典王朝家族的衰微以及国家方言的发展等，都是从文化根源的角度探讨民族属性。文化对于一个国家和民族的安全非常重要。

文化安全主要是相对非传统安全而言。在国际政治领域的安全研究中，自国家出现以来，确保国家领土完整、主权不受侵犯等一直是国家安全的主要内容，也是传统国家安全关注的焦点。传统安全主要是指领土完整和主权不受侵犯，对传统安全的威胁主要是来自外部的军事威胁。20世纪90年代以来，随着冷战的结束，经济全球化的深入发展，文化安全等非传统安全问题逐渐凸显。约瑟夫·奈（Joseph S. Nye, Jr.）的"软实力论"、弗朗西斯·福山（Francis Fukuyama）的"历史终结论"以及塞缪尔·亨廷顿（Samuel P. Huntington）的"文明冲突论"等是国家文化安全战略的重要理论基础。1990年哈佛大学教授、克林顿政府助理国防部长约瑟夫·奈在《美国定能领导世界吗》一书中第一次明确提出"软实力"（soft power）概念，分别对"硬实力"（hard power）和"软实力"做了区分和阐述。软实力是一个国家的文化与意识形态诉求。它是一种通过吸引力而不是强制力获得理想结果的能力。在"软实力"概念的基础上约瑟夫·奈又提出了"巧实力"（smart power）概念，即对"硬实力"和"软实力"的综合运用。约瑟夫·奈指出"美国必须对软实力进行'投资'，发展软实力。只有这样，美国才能在进入新世纪时，实行必要的世界领导。"① 权力最为人所熟知的方面是迫使他人不得不做某事或承担某种后果的能力。这种权力通常被称为硬实力，硬实力既有赖于负面激励（威胁、"大棒"），也有赖于正面激励（利诱、"胡萝卜"）。软实力指以"身"示范、吸引他国效仿的能力。② 美国对"软实力"注重的同时也影响了其他国家的安全观念。随着国际交往的日益频繁、全球化趋势向深度发展，"软实力的新形式正在出现，特别是在文化、意识形态与制度等方面"③。这些理论实质上是为西方文化霸权的

① JOSEPH S. NYE, JR. The Changing Nature of World Power [J]. Political Science Quarterly, 1990, 105 (2): 177-190.
② 约翰·鲁尔克. 世界舞台上的政治：插图第12版 [M]. 白云真，雷建锋，译. 北京：世界图书出版公司，2012：265.
③ JOSEPH S. NYE, JR. Soft Power: The Means To Success In World Politics [M]. Public Affairs, 2004.

合理化提供支撑，同时也服务于西方的国家外交战略。

2. 关于价值观和价值观教育的理论探讨。关于价值观的理论讨论从定义到分类，在这个研究领域已经有非常丰富的研究基础。早在20世纪50年代，克拉克洪（Kluckhohn）对价值观定义进行了具有可操作性的研究：一种外显或内隐的，有关什么是"值得的"看法，它是个人和群体的特征，它影响着人们对行为方式、手段及目的的选择。① 对价值观的这个定义为价值观的实证研究提供了基础。另外其他学者也从其他的角度，通过定量的研究方法，通过问卷等形式，形成"罗克奇价值观调查表"（Rokeach Values Survey），这是一项开创性的研究。在对价值观研究的基础上，国外对价值观教育一直都非常重视，尤其是中小学阶段的价值观教育在西方国家不是某些学校某个地方的特色，而是由整个国家进行战略规划并配合相应的财政支持的，例如1994年启动的美国"品格教育伙伴计划"、2005年开始的澳大利亚"学校价值观教育国家框架"等。

在经济全球化、政治多极化以及文化多元化的大背景下，各国越来越关注文化安全问题，对本国青年尤其是大学生群体的价值取向问题有专门和系统的调查研究。很多国家会隔几年定期对全国范围内的价值观情况进行系统化的调查研究，美国、欧洲国家这些发达国家大概间隔5—10年就会对大学生等不同的社会群体的价值取向进行调查。例如，美国大概每隔10年，会对大学生的择偶价值

① CLYDE KLUCKHOHN. Values and Value Orientations in the Theory of Action ［M］// PARSONS T, SHILS E A, eds. Toward a General Theory of Action, Harvard University Press, 2013: 388-433.

取向进行调查研究；日本非常重视其国民性研究，每 5 年就会进行各种民意测试，对现代日本的青年价值观的发展和变迁进行深入研究等。从这些现象我们可以发现，关于价值观和价值观教育的探讨很多国家已经开始了从国家安全的角度、国家战略的层面来进行研究的发展趋势，如通过民意调查来更好地认识本国的价值体系，从而认识本国国民正在发生的价值变革，这一发展趋势对本国的文化传承和国民身份认同至关重要。国家的文化安全和国民尤其是青年的价值观教育存在某种关系，对其进行系统化和深入的研究还处于初步阶段。

（二）国内研究现状

1. 关于文化安全理论的探讨

国内学术界关注国际关系中的文化因素并较早积极研究的学者有王沪宁和王缉思等。王沪宁 1993 年和 1994 年在《复旦学报》分别发表了《作为国家实力的文化：软权力》和《文化扩张与文化主权：对主权观念的挑战》，这些学术讨论较早关注文化软权力、文化主权等问题。国内关于文化安全问题系统研究的专著如胡惠林的《中国国家文化安全论》（上海人民出版社，2005 年版）、潘一禾的《文化安全》（浙江大学出版社，2007 年版）、沈洪波的《全球化与国家文化安全》（山东大学出版社，2009 年版）、赵子林的《中国国家文化安全论》（湖南大学出版社，2012 年版）、万希平等著的《"互联网+"时代网络文化安全研究》（天津人民出版社，2016 年版）、敖锋主编的《文化安全研究的多维探索》（中国言实出版社，2017 年版）、韩丽雯的《文化产业空心化与国家文化安全》（北京交通大学出版社，2021 年版）、石文卓的《新时代中国文化安全问题研究》（华东师范大学出版社，2021 年版）、姜秀敏的《中国文化安全及其防御研究》（中国社会科学出版社，2021 年版）等。这些研究专著对文化安全的基本内涵、文化安全的重要性、全球化对文化安全的影响、全球与中国国家文化安全、文化安全比较研究等进行了深入探讨。这些研究成果为本书从文化安全的视角研究当代青年核心价值观问题奠定了重要的基础，也从方法论上提供了支撑，但这些研究成果没有将文化安全与青年核心价值观联系起来，如何从文化安全的视角来研究当代青年的价值观问题是本书的突破点之一。

2. 关于青年核心价值观教育的探讨

根据中国知网、万方数据库等国内权威数据库的检索结果显示，国内已出版了数十本与研究青年核心价值观教育直接相关的著作，发表了论文上千篇。从中国知网学术期刊（网络版）& 中国学术期刊网络出版总库截至 2022 年 3 月 20 日的检索数据来看，以"青年核心价值观"为篇名的文章有 504 篇，包含超星、万方、维普、CNKI 等多个数据库的读秀数据库的检索则为 921 篇。如果以篇名、关键词和摘要共同进行检索，中国知网学术期刊（网络版）& 中国学术期刊网络出版总库的数据则为 3505 篇，去掉一些相关性不大的，整体来说，直接相关的大概上千篇。关于青年核心价值观的研究呈现上升的趋势。这些研究成果涉及价值观教育的发展历程、现状、内容体系以及模式分析等。这些研究充分肯定了目前青年价值观的主流是积极健康和谐向上的，同时也看到了青年价值观教育存在的一些问题和偏差。

关于青年价值观教育研究的主要理论视角：

（1）社会转型视角。中国的青年研究有其独特的学科传统和研究路径，中国正处于巨大的社会转型之中，青年的特性之一便是对社会变迁尤其敏感，这是由青年所处的人生过渡阶段所决定的，因此，从社会转型视角研究青年核心价值观教育问题是主要研究视角之一。尽管当前青年研究、家庭研究在社会学研究中都较为边缘，但这些研究涉及的都是社会变迁的具体承载者，青年一代不久将成为社会的支柱，关乎国家未来，是一个非常重要的研究对象。2012年5月10日，中国社科院社会学所青少年与社会问题研究室主办的"境遇与态度：社会转型进程中的当代青年"研讨会，集中反映了从社会转型视角对当代中国青年研究的成果。从社会转型的视角进行研究反映了中国青年研究的独特性和现实性，中国正处于一个深刻的社会转型过程中。社会转型视角提供了一个宏大的社会背景，在这个宏大的社会背景中青年核心价值观教育面临诸多问题和挑战，例如，转型中的青年教育和就业问题、转型中的青年文化和消费问题、转型中的青年互联网及公民参与问题以及青年价值观和政治态度问题等。然而，从根本上来说，社会转型视角并没有指出在社会转型过程中青年价值观教育所面临的这些问题的关联性和根本所在。在讨论青年核心价值观教育问题上，更多的是侧重社会转型的国内背景，尚未从文化安全国内外比较研究的层面上，提供一个更完整的视角，以理解在全球化背景下，当代中国青年核心价值观教育的重要性和培育问题。

（2）从政治与社会关系视角。中国青年政治学院青少年工作系主任吴鲁平教授从政治社会的角度对青年价值观问题进行了专门研究。吴鲁平教授对政治社会研究方法进行了系统的研究，包括从初期的系统理论到后期的认同理论（以接收方为视角，侧重心理层面）的转变，内容包括国家认同、政党认同、政府角色和深层次的制度层面。根据党的十八大以来以习近平同志为核心的党中央的有关精神和习近平总书记的系列重要讲话精神，集中研究了当代青年践行社会主义核心价值观方面应对的突出问题。政治社会化的视角从政治认同等角度切入社会问题，注重方法，且侧重于分析当代青年的政治态度和政治认同问题，但对当代青年的价值观的其他方面和核心价值观教育问题涉及的还是比较少。

（3）社会行动理论视角。社会行动是指行动的个人赋予其行动以主观意义，行动者考虑到他人的行为，并且在其行动过程中也是以他人的行为为目标的行动。也就是说，一项行动被确定为社会行动需要具备两个条件：一是行动者赋予行动以主观意义，即行动者有行为的动机；二是行动者主观意识到自己的行为与他人的联系。只有符合这两个条件的行动才是社会行动。马克斯·韦伯（Max-Weber）在社会行动理论中指出，人的四种社会行动包括：目的合理的行动、价值合理的行动、感情合理的行动和传统的行动。这四种行动是个人给予自己的行动以一定意义的方式，人性就是如此，人总是力求给自己的生活带来某些意义，为了某种信念或行动自认为值得去做一些事情。上海社会科学院的曾燕波研究员从这一社会行动理论的视野出发，指出青年价值观的形成有两个直接的前提条件，需要和自我意识。需要是形成价值观的客观前提，不同主体的需要不同，价值观也不同。自我意识是价值观形成的主观条件，包括人对自身问题的一系列思考，诸如"我是什么"的地位思考，

"我在做什么"的行为思考,"我能做什么"的能力思考,"我应该做什么"的使命思考。价值观正是在需要的驱动下和自我意识的引导下,在价值活动的过程中形成的。青年的个体需求是随着社会环境的变迁而改变的,因此,青年价值观的形成除了受到个体生理和心理的差异影响外,还受到社会环境的影响。① 需要的多层次,决定了价值观的多层次,需要的社会历史性,决定了价值观的社会历史性。社会行动理论很好地解释了青年价值观形成的两个前提和基础,但运用这一理论并不能完全解释当代中国青年价值观教育问题的特殊性以及当代中国青年在文化传承上所应该承担的责任和发挥的作用。

(4)其他视角。关于青年价值观教育的其他视角和理论或属于微观层次或属于跨学科综合层次,诸如消费主义视角、代际价值变迁、多元文化等理论等。消费主义侧重于青年的消费观问题,代际价值变迁侧重于代际差异问题,后现代思潮侧重对青年亚文化的关注。后现代思潮侧重青年亚文化作为后现代主义思潮的主要表现形式,提出要使青年亚文化成为主导文化和精英文化的充分"补集"。青年亚文化修缮、补给当前主导文化存在的"裂缝",利于当代青年思想意识和价值观念的表达、自我身份的认同及社会地位的确立。② 这些研究为当代青年价值观教育研究提供了诸多重要路径,但这些路径更加侧重某一具体问题,没有提供一个更全面和更宏大的视角以理解当代中国青年核心价值观教育问题的整体取向和特征

---

① 曾燕波. 当代中国青年价值观发展特点及生成因素研究 [J]. 毛泽东邓小平理论研究, 2007 (6): 41.

② 林峰. 后现代主义思潮与我国青年核心价值观塑造 [J]. 思想政治教育研究, 2017 (1): 11-15.

等深层次和根本性问题。

近年来关于青年核心价值观研究呈现上升趋势，相关研究在数量上也不断增长，尤其是近几年出现了多部相关著作类的研究成果，这些研究在内容上侧重从社会主义核心价值的角度对青年核心价值观进行引导和培育，这也是青年核心价值观教育的主要和根本问题。例如，刘顺厚的《青年学生社会主义核心价值的培育与践行——基于多元文化的视角》（复旦大学出版社，2015 年版）从多元文化的视角探讨当代青年学生社会主义核心价值观的培育和践行，考察青年学生社会主义核心价值的现状和普遍存在的问题。谭书敏、张春和等著的《青年价值观培育研究，以社会主义核心价值观为引领》（人民出版社，2018 年版），着重对社会主义核心价值观引领下的青年价值观培育和发展进行了全面系统的分析。翁文艳的《社会主义核心价值观与青年领导力培育》（人民出版社，2021 年版）从青年领导力与社会主义核心价值观养成的辩证关系讨论青年领导力培育问题。毋庸置疑，社会主义核心价值观培育是青年核心价值观培育的重要内容，社会主义核心价值观也是涉及当前文化安全主流意识形态安全的最重要方面，与此同时，我们也要注重从文化传承的角度对青年核心价值观教育进行关注，从某种程度上来说，社会主义核心价值观也蕴含了许多优秀的传统文化价值理念的因素，两者并不是矛盾和冲突的，而是互补和互相成就的。

这些研究视角和理论框架以及对相关研究内容的关注为当代青年价值观教育的研究提供了重要维度，同时也存在一定的局限性和进一步拓展的空间。本书拟从国际关系学科的角度出发，从文化安全理论的视角研究当代青年价值观教育问题，这一研究将青年核心价值观教育和文化安全相关联，具有重要意义和可行性。从文化比较的角度对青年核心价值观进行研究有一些零散的成果，例如，从中西文明优秀基因视野下研究青年核心价值观的培育①等，但还没有从文化安全这个维度研究过。从文化安全的理论视角分析当代中国青年的核心价值观教育与培育问题属于国际关系与教育学的跨学科研究。这一跨学科研究的优势在于对当代青年核心价值观教育的关键问题即文化安全属性等重要性问题进行了回答。在文化安全的理论视野下，对当代中国青年核心价值观教育内容进行重新认识：一方面需要对青年应该遵从的当前主流的社会主义核心价值观理念进行阐释；另一方面需要对中国传统文化中青年应该遵从的核心价值观进行梳理、提炼和总结，将中国传统文化中的核心价值观和社会主义核心价值观结合起来进行研究，从文化安全的视角对当代中国青年的核心价值观教育问题进行系统化研究。与此同时，文化安全理论的成熟，社会主义核心价值观的提出和完善等也为这一研究提供了更大的可行性。

四、关键问题和拟创新点

（一）关键问题

本书的关键问题是从文化安全的视角理解和规划当代中国青年核心价值观的教育、引导和培育等问题，包括青年核心价值观教育内容有哪些、青年核心价值观教育的可行路径有哪些等。在经济全

---

① 李宇靖. 中西文明优秀基因视野下青年核心价值观的培育［M］//何云峰，等主编. 理论经纬. 上海：上海三联书店，2016：359-368.

球化、政治多极化、文化多元化的大背景下，中国正经历一个多世纪的现代化转型的进程，在急剧变化的社会转型中，当代中国青年面临着传统、现代、后现代思潮相互作用甚至相互矛盾的多元文化、多元价值观选择的困境。出生于改革开放和社会剧变时期的新生代大学生和青年一方面具有较强的求知欲，对新事物具有强大的理解力和吸摄能力，另一方面也容易产生文化认同混乱和危机。不论是救亡图存时期"西方文化优越论"的惯性，还是新旧价值观体系的矛盾和冲突，都很容易促使当代中国青年盲目追随外来的强势文化，对当前的主流文化和本民族文化和传统不自信，从而造成当代中国青年在价值观、文化认同上的混乱和困境。因此，我们要对当代中国青年核心价值观加以正确的引导和教育，将文化安全视为当代中国青年核心价值观教育的重要变量。

要预防和避免这一困境，需要引导青年树立正确的核心价值观和信仰体系。青年的身心发展正处于特殊的阶段，处于人生观、世界观、价值观形成的关键时期，一方面他们思想不成熟，缺乏相关的知识和社会经验，容易被外来思想和文化影响，喜欢盲目模仿和崇拜；另一方面对家长和学校灌输的价值观又往往表现出一定的逆反心理。青年正处于拔节孕穗期，对青年价值观进行引导以及如何引导就显得尤为重要。不论是提高青年的自我意识和判断能力，还是优化家庭和社会环境，朝向有利于青年树立合理价值观的体系，都需要家庭、学校、社会、政府等多方力量的协同和配合。这既是青少年自身发展特点决定的，也是维护国家文化安全的内在要求。如何引导当代中国青年树立正确的核心价值观和信仰体系，即当代中国青年核心价值观的教育和培养问题是本书的根本问题。

（二）拟创新点

1. 从研究内容来看，本书对当代中国青年的核心价值观教育这一主题进行了系统研究。青年核心价值观教育是社会风尚和道德领域的重要内容，更与国家文化安全息息相关。目前关于该领域的比较系统和理论化的研究还是相对缺乏的，尤其是从文化认同、文化安全的角度来审视青年核心价值观教育更是缺乏，本书拟在这方面进行探索并期望有所突破。

2. 从理论视角来看，本书主要从文化安全的视角出发，尝试构建一个比较完整的关于青年核心价值观教育问题的分析框架，这一框架主要包括文化安全的界定、文化安全与文化传承的关系、青年与文化传承、青年核心价值观教育内容、青年核心价值观教育路径等。将文化安全和青年核心价值观教育结合起来进行研究，是在教育学领域进行的国际关系学跨学科研究。

3. 从现实意义来看，本书试图对如何引导当代中国青年的核心价值观教育等问题进行回答，以期对核心价值观教育相关政策制定和调整有所帮助，具有现实意义。在青年核心价值观教育和青年价值观的形成和培育过程中，青年应如何发挥其应有的主观能动性，社会环境包括政府和媒体等应如何提供相应的土壤和氛围，家庭应如何发挥其积极的正面作用；这些资源应该如何有机地整合在一起，为青年核心价值观教育和青年核心价值观的养成和稳定提供一个开放性的、创造性的、良性的互动和环境。这都是我们在现实中面临和需要探讨和解决的问题。

五、研究方法和基本内容

（一）研究方法

1. 中层理论层次上规范与实证研究相结合

"中层理论"是相对微观和宏观而言，介于纯粹经验主义研究的"微观理论"和"宏大理论"之间。对当代中国青年核心价值观教育与引导问题的研究，中层理论的角度可以避免宏大理论的笼统性和缺乏针对性，同时又不会陷入微观研究的纯粹经验主义。本书是在文化安全这个有限的领域中对青年核心价值观教育问题提出指导的经验研究。本书从国家关系学科的角度，提出了文化安全理论并以之为分析框架对当代中国青年核心价值观教育进行探讨。我们的基本前提假设为文化安全是青年核心价值观教育的重要变量。因此在青年核心价值观的教育、引导和培育过程中要充分考虑文化安全因素，从有利于维护文化安全的角度进行引导。对维护文化安全可能造成影响的重要因素也要考虑到青年核心价值观教育的内容和过程之中。这一研究路径是在文化安全这一中层理论基础上展开的对当代青年核心价值观教育的规范与实证研究。

2. 定量和定性分析相结合的研究方法

本书将借鉴国内外关于青年价值观取向等相关问题调查研究报告的统计数据，对青年核心价值观取向的发展特点和现状进行分析，在一定程度上把握当代中国青年价值观的基本取向。在定量研究的基础上进行定性研究，包括逻辑分析法、文献研究法、历史和比较分析法等。首先，本书采用了逻辑分析法。例如，从文化安全的基本概念和分析框架出发，分析归纳出青年核心价值观教育的基本内容等。其次，本书采用了文献研究法。研究是建立在前人的大量文献基础上展开的，包括对文化安全理论和青年价值观各自领域相关研究成果的文献归类整理和分析。本书所运用的文献涵盖了国际关系学、伦理学、政治学、社会学和教育学等领域。再次，本书采用了历史分析方法。本书运用相关史料和文献材料对青年核心价值观的历史发展脉络进行了一个整体的考察。此外，本书还采用了比较分析法，例如，对俄罗斯、澳大利亚、英国和美国等国家的青年价值观教育进行了比较研究，并穿插在具体的章节中。

（二）基本内容

1. 总结和提炼文化安全的理论视角。本书拟提出一个国家文化安全的动态体系，以此为基础，对当代中国青年核心价值观教育进行系统化和深入的研究。本书的研究目标是从文化安全理论视角出发，拟对青年核心价值观的教育、引导与培育进行理论化的探讨，以形成一个较为完善的关于青年核心价值观教育的理论体系。文化安全理论视角的基本内容包括文化安全的基本内涵、影响文化安全的基本因素、文化安全的实现主体和方式等内容。

2. 调查和了解当代青年核心价值观基本取向和历史演变。本书将对当代青年学生、当代青年工人和当代青年干部等重要青年群体的核心价值观取向进行调查和分析，对当代青年核心价值观的演变及其表现出的特征进行进一步的分析和考察。

3. 研究和探讨青年核心价值观教育内容。青年在文化传承的过程中发挥着重要的作用，从文化安全的角度出发，青年核心价值观教育的内容应该反映出有利于维护我国文化安全的因素和青年文化传承的属性。在青年的核心价值观教育上，既要从正面上有利于青年对当代主流意识形态理念的认同和中华优秀传统文化理念的传承、发展和创新，提高青年的文化自觉和认同意识；与此同时，也要有利于提高青年应对外来文化风险的主动意识和风险化解能力。这种外来风险包括意识形态、文化经济、语言文字和传统文化延续所面临的风险。

4. 梳理和分析当代青年核心价值观教育、引导和培育可行路径。首先，从当前主流意识形态安全和认同的角度出发，青年核心价值观体系首先包含了社会主义主流核心价值观体系的重要内容。社会主义核心价值观体系是青年核心价值观教育的主体和核心内容。其次，从文化传承的角度出发，认识青年核心价值教育的民族属性，使越来越多的青年能够从主观能动性上认识到其在文化传承和维护国家文化安全的过程中发挥的巨大作用。青年能更加积极主动地形成和接受有利于国家文化安全维护和稳定的青年核心价值观体系。这一核心价值观体系与国家文化安全的维护和稳定息息相关，从某种程度上包含了有利于中国传统文化传承的重要价值理念和要素。最后，从防范外来风险的角度出发，要防止外来文化的渗透和预防外来文化的风险，但绝不是故步自封，要吸收和借鉴西方先进、合理的价值体系，批判性地接受外来文化优秀、合理的部分。这种批判性的接受归根结底是要能够在比较中认识中国传统文化的独特性和优越性。作为复杂而多元的青年核心价值观体系，要做到三者之间的相互协调和促进。国家和社会需要提供怎样的外部环境和支持体系？当代中国青年核心价值观教育的合理路径有哪些？青年核心价值观教育有哪些创新性的手段？如何正确地引导和培育当代青年核心价值观，是青年价值观教育的现实难题。本书从文化安全的角度出发，希望对这一难题进行一定程度的分析和解答。

（三）主要框架

围绕本书的研究目标和核心问题，本书的基本思路和框架如下：

第一章是导论部分。导论主要对本书的研究目的和意义、理论价值和现实价值、基本概念界定以及国内外研究综述等基本问题进行阐释，为后面的研究和思路的展开提供基础和铺垫。研究往往源于困惑，而解决困惑的初衷在于其具有重大理论和现实意义。本书的研究也是源于现实的困惑，尝试从跨学科的角度，从文化安全的理论视角对当代中国青年核心价值观教育问题进行探讨。因此，在对青年核心价值观的内容要求上以及青年核心价值观的教育方式和路径上都会更加注重有利于维护我国文化安全方面，突出文化安全在青年核心价值教育中所发挥的重要影响和作用。

第二章是理论视角的提出。本章提出了文化安全理论视角并以此解读当代中国青年核心价值观的教育、引导和培育问题。对当代中国青年核心价值观教育的研究有各种不同的视角，从以往研究来看，这些研究视角更多地局限于青年核心价值观教育本身。在教育内容上侧重于社会主流意识形态核心价值观体系的内容，在教育机制和教育手段上倾向于使用单一的方式和手段。而当我们从另一个层面或角度来看待青年核心价值观教育问题时，即从青年所承担的文化传承、民族认同和文化安全维护的重任来看，青年核心价值观教育问题不仅仅是关系着青少年自身身心健康成长的问题，也不仅仅是关系着社会主流意识形态核心价值观的形成问题，同时也关系着社会的稳定和发展，关系着民族文化传统的传承和国家文化安全维护等至关重要的问题。从这个角度来审视青年核心价值观的教育问题，我们应该自然而然地综合考虑文化安全的相关因素。例如，在青年核心价值观的构成上，除了青年自我价值实现的内容、主流政治意识形态体现的内容，同时也要考虑对我们民族认同和文化根源至关重要的中华优秀传统文化中的价值理念和道德传统。与此同时，如何让这些没有生命力的文字和信条内化为青少年乐于接受、自觉接受的价值体系和信仰，也可以从传统的教育方式方法中寻求借鉴等。

青年作为文化安全实现的主体，是文化传承的重要主体，也是文化认同的重要对象。本书在对当代中国青年核心价值观引导的探讨上，既注重主流意识形态认同，也注重青年在中国文化安全维护上所应该发挥的作用。例如，在青年核心价值观的教育机制和教育手段上，可以更好地吸收和借鉴传统教育方式方法和理念，形成多元的教育方式，在应对外来风险上更加注重国家层面的战略、有针对性的突破等。

从文化安全的维护和稳定来看，要预防和避免外来文化和价值观冲突对我国当代中国青年的负面影响。外来文化和价值观理念对中国青年进行灌输和影响的方式方法正发生变化，更多的是以一种让青少年更容易接受、潜移默化的影响方式在进行。比如，就目前而言，青少年比较容易无判断接受和潜移默化受影响的一个重要领域就是泛娱乐领域。如何在泛娱乐领域，例如影视、游戏，这些青少年最容易接受的载体中培养和引导青少年的核心价值观，是青年价值观教育的一个重要突破口。本章节主要是理论视角的提出，围绕这些具体问题的分析和展开将在后面的章节进行深入的探讨。

第三章是对青年核心价值观教育内容的分析。从文化安全的理论视角，对当代中国青年核心价值观教育内容进行分析。第一，要继续强调中国主流意识形态价值理念。中国主流意识形态的价值理念是青年核心价值观教育的主体和核心内容。在时间维度上是现当代主流的核心价值理念。第二，要突出中华优秀传统文化价值理念的部分。中华优秀传统文化的价值理念是中国青年核心价值观教育的文化底蕴和灵魂。在时间维度上是传统中国优秀的核心价值理念。这些优秀的传统价值理念不仅仍具有现代价值，而且是中国文化特质和文化认同的本源。从文化安全的角度出发，中国青年核心价值观教育的根本是要对中国优秀的传统文化和价值理念起到传承作用，中国优秀的传统文化和价值理念应该在青年的价值观教育内容中占据重要的比例，是青年核心价值观教育的重要出发点。第三，要进一步加强对外来文化价值理念和渗透方式的深入了解。他山之石，可以攻玉。在了解外来文化的基础上，才能更清楚地认识中国传统文化的独特优势，同时也能更好地掌握和借鉴他人的方式方法，可以更有针对性地防范外来文化所带来的风险和危害。

第四章是对青年核心价值观教育路径的分析。在对当代中国核心价值观教育内容进行分析的基础上，对青年核心价值观教育路径、方式方法进行进一步探讨。青年核心价值观教育路径和方式方法要能从根本上促进当代青年核心价值观教育内容更好地为青年所了解、接受和认同，同时实践于日常生活和国家现代化建设的事业当中。本章首先对青年核心价值观教育的历史经验和现实困境进行分析，从中我们会发现一些历史的经验和现实的困境和困惑，也是源于这些现实的困惑，我们从文化安全的角度对当代青年核心价值观教育进行研究，针对当代中国青年核心价值观教育的三大内容模块，提出相应的路径分析。

第五章是总结与思考。对青年核心价值观教育的文化属性、青年核心价值观教育的稳定结构和多元途径进行总结，并在认识西方和东方、西方中心主义和东方文化特性的变化关系中深化文化安全和青年核心价值观教育的探讨。在对东方文化特性的保持、传统和现代性问题的深入探讨中，进一步思考青年核心价值观教育问题。

青年核心价值观的核心要素是一个动态的概念。当代青年核心价值观教育和青年核心价值观的形成也是一个动态过程。在这个动态过程中如何把握各个相关要素之间的平衡，形成一股合力，使青年核心价值观教育对维护我国文化安全有利有效，是一个需要不断进行探讨的课题。本书从文化安全的角度出发，首先，初步提出了当代青年核心价值观教育应包含哪些基本要素，考虑到这一动态过程的多变性，更多的是从定性的角度进行规范性的界定。其次，对当代青年核心价值观的教育路径进行分析。最后，在价值观的教育路径上，提出一些可行的具有针对性的政策、策略和方针。新时期复杂多变的环境以及青年成长自身的多变性，对当代中国青年提出了更高的要求，需要他们有更高的主观能动性和判断是非标准的能力，同时对青年核心价值观教育的路径、方式和方法也提出了更高的要求。

第二章

文化安全理论视角

从文化安全理论视角重新考察当代中国青年的核心价值观教育问题，我们对青年核心价值观教育的核心和本质问题会有一个更深刻的认识。青年作为一个特殊而又关键的群体，对国家和社会的发展起着起承转合的作用，决定了国家未来的发展方向。青年作为文化传承的主体和载体，在维护中国文化安全、促进中国文化安全实现方面发挥着不可或缺的作用。不论是在主观上如何调动青年的主观能力性，还是在客观上社会应该给青年核心价值观教育提供一种怎样的土壤，文化安全的理论视角都提供了一种新的思考方向和解决问题的途径。

一、文化安全理论视角的提出

在文化传承的过程中，青年承担了文化传承重要主体的历史责任。通过文化传承保存、延续和发展自己所属"国家—民族"的基本价值和文化特性，青年发挥了至关重要的作用。在文化安全的框架下，通过认同教育、传承教育和认知教育，形成了青年核心价值观教育的一个相对稳定的安全结构。在这个结构中，每个要素之间相互作用、相互交流和改变，共同促进和成长，最终有利于确保青年核心价值观的形成和稳定，从而有利于我国文化安全的维护。与此同时，青年也能更深刻地认识到自身的文化安全属性，主动承担起实现我国文化安全主体和重要载体的责任。

（一）经济全球化的深刻影响

我们生活在一个政治经济关系都在深刻调整的时代。哥伦布远航开启了人类社会的全球化进程，我们的政治圈、经济圈、文化圈和生态圈等都在不断地交叉和融合。互联网的出现、信息技术的不断发展，使国与国的物理界限不断被打破，在外力的作用下，我们应该如何坚守原来的身份认同？西方主导的全球化并非真正利于不同国家、民族共享，恰恰相反，它意味着国家、民族利益在世界范围内的博弈。全球化既有经济根源也有政治影响，它在全球范围内使文化影响力成为焦点。古老的文化和传统的价值理念都面临新的挑战。卫星、互联网和大型喷气式飞机的出现，在整个世界犹如传染病一样到处扩散。对许多人来说，"外来"已经成为"危险"的代名词。① 很多国家对此开始采取了措施，如法国和加拿大都通过法律的形式禁止将外来的即美国的相关节目通过卫星传到本国公民家中。西方文化中心主义作为"高势能文化"，总是幻想"西方消费模式和大众文化在全世界的传播正在创造一个普世文明"②。

文化安全问题一直都存在，在经济全球化的催化下，它的方式

---

① DAVID ROTHKOPF, In Praise of Cultural Imperialism? [J]. Foreign Policy, 1997 (107)：38-53.

② 塞缪尔·亨廷顿. 文明的冲突与世界秩序的重建 [M]. 周琪，等译. 北京：新华出版社，2002：45.

可能发生了变化，作用的对象可能发生了转移。从一种暴力的、显性的通过军事战争的方式变成一种看似温和的、隐性的通过各种技术手段、潜移默化的影响方式。这种影响从改变人们深层次的思想和价值观开始，更具颠覆性。文化安全问题在经济全球化和信息技术革命化的影响下，显性影响和隐性方式相互交织，使文化安全问题更加复杂多变，无论是从学理还是现实层面，只有从国家文化安全的角度进一步探讨青年的核心价值观教育问题，我们才能理解青年核心价值观教育的紧迫性和深刻性。

（二）文化发展的内在特性

经济全球化催生文化安全问题，从根本上源于文化发展的内在特性。通常我们对于文化的理解过于宽泛，文化是人类所创造的一切文明成果，从国家主权的角度考虑文化发展、文化安全问题，更多的是从微观和狭义的层面出发。根据马克思主义历史唯物主义观点，文化是具体的而不是抽象的。换言之，文化是具有强烈的民族性、时代性和特定历史条件下的阶级性的。

1. 文化的基本内涵

文化概念的内涵丰富而庞杂，中外学者对文化的定义有数百种之多。从文化安全视野对青年核心价值观问题进行研究，我们有必要首先对文化以及文化安全的内涵进行界定。文化的特性、文化安全是如何作为一个重要的变量，在当代中国青年核心价值观教育与青年核心价值观形成的过程中发挥关键作用的？当代中国青年核心价值观教育对我国文化安全将产生什么样的影响？对这些问题要进行进一步的研究，我们需要对一些基本概念进行澄清。

何为文化？文化本身有非常丰富的内涵，我们没有办法给文化一个唯一的确切的定义，文化的内涵一定是各有千秋的，在众说纷纭的探讨中，也不可能有唯一的定义。更为关键的是，我们是在何种意义和层面上探讨文化？

"文"与"化"最早是分开来的，各有各的含义。"文"与"化"的说法最早见于《易·系辞下传》，释"文"为"物相杂"，指刚柔相间、有纹理；释"化"为"生育"，"天地氤氲，万物化醇"。《易经》中后来出现"文"与"化"的合用，"观乎天文，以察时变，观乎人文，以化成天下"。《中国文化纲要》一书中解释道，这里的"天文"是指自然现象，"人文"是指社会，把天文与人文对称，是说人道社会的变化依据于天道社会的变化，这是"天人合德"思想的最初说法。① 到了西汉，开始把"文"和"化"联成一个概念，使其具有更深层的含义。在中国传统文化中，"文化"更多意为"以文教化"。

中国近代对"文化"的解释，比较有代表性的是梁漱溟、钱穆等。梁漱溟说："文化，就是吾人生活所依靠之一切②。"钱穆说："文化既是我们大群集体人生一总和体，亦可说是此大群集体人生一精神的共业。此一大群人生是多方面的，如政治、经济、军事，如文学、艺术，如宗教、教育、道德，皆是。综合此多方面，始称为文化。"③ 到了现代，随着"文化热"的不断升温，对文化的研究越来越深入，对文化的定义也是仁者见仁、智者见智。应该如何把握文化的内涵和特征，概括来讲，分为广义、中义和狭义三种。

---

① 高令印. 中国文化纲要 [M]. 厦门：厦门大学出版社，1997：2.
② 梁漱溟. 中国文化要义 [M]. 上海：上海学林出版社，1987：1.
③ 钱穆. 中国文化十二讲 [M]. 台湾：台湾三民书局，1983：2.

广义的文化是指人类所创造的一切文明成果，像梁漱溟说的，我们生活所依靠的一切都是文化；中义的文化是指人们的生活方式，主要包括思维方式、行为模式和制度导向等；狭义的文化是指基本信念和意识形态。

本书主要是在狭义的层面探讨文化，根据马克思主义历史唯物主义观点，文化是具体的而不是抽象的。换言之，文化是具有强烈的民族性、时代性和特定历史条件下的阶级性的。一方面，文化的核心是民族乃至国家的价值观念、精神状态和生活方式。人这个主体要通过社会实践由客体予以满足，这个中间的纽带是人的价值观念。"不同的民族或者国家，由于受自己长期相对稳定的文化所熏陶，便养成一定的生活方式，形成不同的国民性和民族精神……如法兰西精神、俄罗斯精神、日耳曼精神等。"① 另一方面，文化主要是社会存在反映出来的社会意识。马克思说："物质生活的生产方式制约着整个社会生活、政治生活和精神生活的过程。"② 毛泽东在《新民主主义论》中指出："一定的文化是一定社会的政治和经济在观念形态上的反映"③，马克思所揭示的社会存在和社会意识关系的原理，是我们研究社会文化现象的基本指导原则。特定历史条件下的意识形态和文化，受当时历史条件和社会生产方式的制约和限制。所以说，文化是有时代性和阶级性的。

---

① 中共中央马克思恩格斯列宁斯大林著作编译局. 马克思恩格斯全集：第 19 卷 ［M］. 北京：人民出版社，1986：406.
② 中共中央马克思恩格斯列宁斯大林著作编译局. 马克思恩格斯全集：第 2 卷 ［M］. 北京：人民出版社，1986：82.
③ 中共中央文献编辑委员会. 毛泽东著作选读 ［M］. 北京：人民出版社，1986：384.

2. 文化的安全问题

文化为何有安全问题？这和我们在哪个层面上探讨文化有着直接的关联。我们所讨论的文化不是放之四海而皆准的普世文化、普世价值，不是没有价值判断的生活方式，而是具有民族性和阶级性的基本信念和意识形态。每一个民族都具有民族特有的信念，而这种信念又有可能被强势的民族和文化所吞没或逐渐消失。如果那种具有特殊民族印记的东西不存在了，那么你不再是你，你变成了他。一种文化的消失，伴随着的是一个民族的消亡和另一个民族的强大。从这个意义上说，文化从来就是伴随着"不安全"因子的，安全问题一直都存在，只是伴随着"西方化""现代化"和"全球化"命题，这一问题，或被动或主动，或有意或无意，变得越来越凸显。

文化安全是关系到国家生存和发展的重要战略安全之一。在全球化背景下认真对待文化安全问题具有非常重要的意义。从文化发展的内在特性出发，在微观层面上，文化具有民族性和阶级性，是一个民族共同的记忆、信念和精神支持。文化可以是一种教化，反映了一个民族的身份认同，是一个民族区别于另一个民族根本性的存在。文化不仅具有多元性、民族性和地域性，还具有阶级性、扩张性和变动性。文化发展的这些内在特性在全球化的催化下，使文化可能成为一种霸权的工具，对其他国家进行影响和渗透，从根本上改变一个国家的文化属性，文化全球化和西方化的问题也就由此出现，文化因而有安全问题。

"文化安全是指一个主权国家文化性质得以保持、文化功能得以发挥，文化利益不受威胁和侵犯的能力与状态。"① 也有学者认

---

① 朱传荣. 试论面向 21 世纪的中国文化安全战略 [J]. 江南社会学院学报，1999（1）：8.

为，"文化安全是指国家防止异质文化对本民族文化生活渗透和侵蚀时，保护本国人民的价值观、行为方式、社会制度不被重塑和同化的安全。文化安全相对于文化渗透、文化控制而言，是一种相应的反渗透、反控制、反同化的文化战略。"① 从全球化的角度对文化安全进行诠释，文化安全主要是指"人们认为自己所属'国家—民族'文化特征不会在全球化大趋势下逐渐消失或退化的安全感，具体指政治文化和社会管理制度、语言和信息、国民教育体系等问题上的安全感"②。虽然文化安全或国家文化安全的概念学者们尚未达成共识，学术界也未能形成一个统一的、明确的定义，但学者从不同角度和层面给出的界定，对于我们深入、全面了解国家文化安全的内涵具有重要意义。在文化安全的问题上，青年作为文化传承的主体，处于价值观形成阶段，是最容易被影响和渗透的群体，也是西方国家和外来文化渗透和影响的主要对象。青年关系着未来中国文化传承和主流意识形态价值观的认同，不论是从正面还是反面考察，不论是从本民族文化传承还是外来文化影响渗透的角度出发，青年核心价值观教育问题，都是关系着民族文化安全的重要问题。

在国与国之间没有任何交集、都是封闭状态的时候，文化安全问题不是不存在，而是不凸显。当前文化安全问题凸显，主要是因为经济全球化和随之产生的文化全球化趋势，导致了各种各样的强烈反应。1999 年 10 月，在德国柏林举行的"文化安全与全球管理"研讨会，首次将文化安全作为全球化战略中的一个重要问题提出。正如美国学者彼得·伯杰（Peter Berger）所说："我们现在见

---

① 张守富，朱彦振. 经济全球化与中国三大安全 [J]. 党政干部论坛，2000（12）：9.
② 潘一禾. 文化与国际关系 [M]. 杭州：浙江大学出版社，2005：244.

到了一场文化地震。文化全球化，它几乎涉及地球的所有地方。这场地震袭来时，不同人做出不同的反应。有些人是安然接受，有些人是力图抗拒。由于这两种态度都要付出高昂代价，如完全孤立于全球文化之外，就必须完全孤立于全球经济之外。但是，还有些人不是全盘拒绝，其典型是有些国家的政府企图既参与全球经济又抵御全球文化，在两者之间求平衡。这方面最重要的例子就是中国。"① 与军事交锋和经济贸易纷争不同，威胁文化安全的事例往往不是绝对的正邪、善恶之争，而常常可能是正与正之争、善与善之争，是尊严与尊严的较量、信仰与信仰的碰撞，是所谓"一个碗不响，两个碗叮当"的相争。② 文化安全的威胁往往没有绝对的善与恶、正与邪，相反地，只是两种不同文化特性和文化气质之间的较量。

文化不仅具有多元性、民族性和地域性，而且还具有阶级性、扩张性和变动性。这些特性在怎样的条件下促使文化可能成为一种霸权在全球肆意扩张呢？全球化是重要的外在力量。因为全球化的作用使文化交流在世界各地得以迅速传播，使西方对外文化渗透成为可能。文化不安全和文化危险问题出现的一个重要因素是文化全球化同化或西方化。"严格来说，国家文化安全问题的真正出现和突出表现，只有到了近代资本主义世界市场形成之后，特别是在西方列强对东方国家实现殖民侵略、东西方文明冲突日趋激烈的情况

---

① 塞缪尔·亨廷顿，彼得·伯杰. 全球化的文化动力：当今世界的文化多样性 [M]. 康敬贻，等译. 北京：新华出版社，2004：9，14.

② 潘一禾. 非传统安全研究中的国家文化安全关注 [J]. 江南社会学院学报，2008（2）：29.

下才逐渐成为现实。"① 几百年来，率先进入现代化的西方殖民列强挟雷霆之势走向世界，用炮舰、商品和传教三大武器轰开落后国家的大门，广泛地传播西方近代化思想。两次世界大战之后，发展中国家普遍赢得了民族国家的政治独立，为了巩固已有政权和实现现代化，有意识地向西方国家学习，学习的内容中包括思想观念、制度机制、科学技术、现代民主化管理和大众文化等。当然，并不能简单地认为"现代化即西化"，发展中国家大都对西方国家试图以西方的价值标准来评判一切表示抗争，如何走一条将传统文化与现代性结合的独特道路，仍是正在进行的探索和历险。归根到底，全球化是肇始于欧美的现代化进程在当代的深化与扩展，对所有国家来说，愿意加入与否、擅长驾驭与否，它都是一个铁定的事实，是一把无法回避的"双刃剑"②。

总之，在林林总总的关于文化安全的诸多讨论中，都离不开正反两方面的内容。从正面来看，作为非传统性安全的文化安全对今天的中国而言，"主要指人们认为自己所属的'国家—民族'的文化特征不会在全球化大势下逐渐消失或退化的安全感"③。具体而言，主要有四方面的"安全感"，即政治文化和社会制度上的安全感、传统文化和独特价值体系上的安全感、民族语言和信息传播上的安全感、国民教育体系和国民素质上的安全感等。文化安全表明了一个国家能够相对独立自主地选择所需要的制度和文化意识形态，而对于外部输入的文化价值观具有警惕和防范意识，在保持自

①　刘跃进. 国家安全学 [M]. 北京：中国政法大学出版社，2004：145.
②　王逸舟. 全球化作为一个研究命题 [N]. 环球时报，2000-5-26.
③　潘一禾. 文化与国际关系 [M]. 杭州：浙江大学出版社，2005：244.

身文化的民族性和主体性的同时，维护民族的自尊心和凝聚力，将文化作为确定自我身份的一种手段和力量之源。

从反面来看，文化安全是指一个国家在发展过程中，能够有效地消除和化解潜在的文化风险，抗击外来文化冲击，以确保国家文化主权不被威胁的一种能力和状态。从文化危险的角度来看，可能存在以下几种情况：一是文化使用之民族灭亡，且文化未能被其他民族传承；二是文化使用之民族被其他民族吞并，且不得不使用其他民族的文化；三是文化使用之民族实力衰落，被其他民族控制，并且不得不大量采用其他民族文化；四是文化使用之民族丧失自豪感和自信心，非理性地崇拜和使用其他民族的文化；五是文化使用之民族失去创新力、包容力和开阔的眼界，故步自封，不愿进步。当一个国家或民族的文化出现以上一个或数个问题时，则表明该文化处于危险期，是一种"不安全"的状态。这种状态无疑威胁到了"国家—民族"的基本价值和文化特性的保存及传承。①

从正面来看，文化安全简而言之就是一种安全感，这种安全感源自人们对自己国家的文化特征和文化属性在外来文化的冲击下依然能保持特性的自信和安全感。从阶级性上看，中国国家文化安全是社会主义文化的安全；从民族性来看，中国国家文化安全是中华民族优秀文化的安全；从文化安全的角度出发，青年核心价值观的内容应反映出社会主义文化安全属性和青年文化传承的属性。这有利于维护我国文化安全的因素，既从正面上有利于提高青年的文化自觉和认同意识，在反面上也能够应付外来的文化风险，诸如意识形态安全风险、文化经济安全风险、语言文字安全风险和传统文化

---

① 徐九仙. 论文化安全视野下青年核心价值观［J］. 当代青年研究，2011（1）：22.

延续安全风险等。

由此可见，我们所讨论的文化，并不是普世价值的文化，也不是简单的生活方式，而是在微观层面上的基本信念和意识形态。文化不仅具有多元性、民族性和地域性，而且具有阶级性、扩张性和变动性。文化具有民族性和阶级性，是一个民族共同的记忆、信念和精神支持。从民族性来看，它可以是一种教化，反映了一个民族的身份认同。它是一个民族区别于另一个民族根本性的存在。从阶级性来看，它可以是政党统治合法性的来源，是当前主流的意识形态。这些特性在全球化的作用下，可能使文化成为一种霸权，对其他国家进行影响和渗透，从根本上改变一个国家的文化属性，文化全球化和西方化的问题也就由此出现。一方面，西方文化中心主义正在通过全世界的"西方化"来创造一个所谓的"普世文明"。另一方面，"一个国家的文化主权神圣不可侵犯，一个国家的文化传统和文化发展选择必须得到尊重"。文化是一个国家、一个民族的灵魂。文化兴则国兴，文化强则国强。西方文化和外来文化的向外发展与本国文化必然形成冲突。如何确保国家的文化特性得以保持不受威胁，自己所属"国家—民族"的文化特征不会在全球化大趋势下逐渐消失或退化，作为文化传承主体青年的核心价值观教育、引导和培育就显得尤为重要。

（三）青年传承的历史责任

不论是从正面还是反面来看，文化安全所追求得"安全感"和避免"不安全"状态，都是希望能够保存和发展自己所属"国家—民族"的基本价值和文化特性。在这一过程中，文化传承是最基本和最重要的手段之一。通过文化传承的方式，保存自己所属

"国家—民族"的文化特性，使其免于消失、灭亡或遭受同化的威胁。

文化传承，或文化历时性传播，是上下相续的两个时期（时代、朝代）间的文化纵向传播，它是群内文化在代与代之间的传递和继承活动。文化传承确保了文化在时间上的连续性和在代与代之间的连贯性。作为群体内文化传播的一种方式，文化传承既是群体文化积累、发展的基本条件，又是生活习俗、文化传统得以形成和强化的必要手段。其传播的文化成分或者是优秀的，或者是对本群体习俗和传统而言价值效用较大的。文化传承一般采用自然方式，即靠群体的文化惯性传递下去。① 但是在文化传承的过程中，由于传承主体的不同选择，对文化的影响是不一样的。我们可以初步分析一下文化传承的大致过程。

第一，初始文化由最早的一代初步创立、初步形成和逐渐确立的基本价值和文化特性。第二，初始创立的文化逐渐确立为主流文化，并在平辈成年人之间相互交流、相互影响，得到进一步的巩固和加强。第三，不断巩固和强化的文化，核心价值和文化特性凸显，其中优秀的或者对习俗和传统而言价值效用较大的部分，通过长辈和教育等方式传承给子女和后代。第四，青少年一代在成长过程中，对文化的接受程度、态度和实践发生新的转变和变化，传统文化以崭新的亚文化形式出现，可能是未来主流文化的雏形。第五，文化在没有重要外来事件影响的情况下，可能会保持本身的发展特性，但在外来重要事件的影响下，会直接改变人们的思想或者通过外部客观事件间接改变人们的思想，进而改变文化。这其中，

---

① 冯天瑜. 中华文化辞典［M］. 武汉：武汉大学出版社，2001：13.

正在成长中的青年人思想改变越剧烈，对未来主流文化的影响越大。

从文化传承的过程中可以看到，青少年作为文化传承的重要主体，对一个民族国家的文化特性的保存、延续和发展至关重要。其中可能存在下列四方面的问题。第一，在传承的过程中，青年是否了解自己所属"国家—民族"的基本价值和文化特性，即通过长辈和教育等方式传承是否能够实现。第二，对自己所属"国家—民族"的基本价值和文化特性是否认同。第三，如果存在外部客观事件对青少年的思想剧烈改变，在多大程度上影响了青少年的核心价值观和文化认同。第四，作为文化传承的主体，青少年在多大程度上认识到这是一种责任。①

文化传承是保存和发展自己所属"国家—民族"的基本价值，使之免于消失、消亡或同化威胁最基本和最主要的手段之一。在文化传承的过程中，青年承担了文化传承主体的重要历史责任，对一个国家文化特性的保存、延续和发展发挥了至关重要的作用。同时，青年又处于人生承上启下、拔节孕穗的特殊阶段，思想波动大，矛盾冲突明显，是西方国家和外来文化渗透和影响的主要对象。美国著名参议员福布赖特（Fulbright James William）曾指出"一代人之后，我们与其他人进行社会价值观念交流的好坏要比我们军事、外交优势对世界格局的影响更大。"青年处于核心价值观形成时期，是一个矛盾和混乱的阶段。青年受西方生活方式和价值理念的影响越来越无形也越来越深刻。此外，受影响的年龄阶段也

---

① 徐九仙. 论文化安全视野下青年核心价值观 [J]. 当代青年研究，2011（1）：22-23.

越来越提前了，甚至提前到了幼儿园阶段。有的幼儿园的教材绘本是以西方教材为主导的，这些教材的背后承载着西方的生活方式、思维习惯和文化理念。比如，青少年在学习英语语言的过程中，会接触到红色的概念，在西方文化中，红色更多代表着生气、发怒，是一种不友好的颜色，而在中国，红色象征着喜庆和吉祥。语言的背后蕴含着文化的差异和力量。

　　一个主权国家的文化生存与发展受到威胁或处于危险的状态，不一定是发生了动乱或者战争。不得不说的是，文化渗透是西方国家同化和征服其他国家的重要手段，而且是有意为之。如果我们看不到这些"不安全"的隐患，就会被表面现象所迷惑，从而忽略了文化安全所处的不安全境地。而对处于世界观、人生观、价值观正在过渡和形成期的广大青年来讲，也是最容易被"渗透"和影响的对象。国家文化安全是青年核心价值观教育的重要变量。从阶级性和当前意识形态上来讲，要维护社会主义文化的安全；从民族性和传统文化传承上来讲，要维护中华优秀传统文化的安全。只有社会主义核心价值观被广大的青年所认同接受，内化于心，并外化于实际行动；只有中国的优秀传统文化在青年当中得到传承，文化的"不安全"隐患才能降到最低。

　　历史与现实，责任与使命，对青年的核心价值观教育都提出了更高的要求，我们必须站在文化安全的层面规划青年的核心价值观教育。如果一国青年对于本民族当前主流的社会主义文化和核心价值观体系一味地否定和排斥，对于本民族的传统文化一无所知，对于本民族优秀的传统文化没有深层次地接触和了解，对于本民族优秀传统文化持有一种淡漠和与我无关的态度；反之对于外来文化热衷学习、追求和盲目崇拜，这将不仅对国内社会秩序和社会稳定产生一定的负面影响，也会带来文化认同感危机，对我国文化安全产生不可预期的负面影响。因此，广大青年要主动承担起文化传承的历史责任。

二、青年核心价值观教育的重要性

文化安全视角的提出，让我们重新认识了青年核心价值观教育的重要性。青年是国家文化传承的主体，同时青年处于价值观形成的多变和不稳定时期，也是最容易被影响和文化渗透的对象。在对国家文化安全的高度重视和青年作为文化传承主体和载体的认知层面上，青年对现阶段主流社会主义意识形态的认同和接受程度，对中国优秀传统文化的保留和传承程度以及对外来文化的理解和批判能力，将对我国的文化安全的稳定性产生影响。对青年核心价值观教育，国家和社会应该分配更多的资源，提供和创造更有利的条件，在重视程度上得到进一步加强，预防和避免文化"不安全"的各种表现和状态的出现，或将这种"不安全"状态降到最低。我们对青年寄予厚望，但往往也容易忽略他们在成才过程中的价值观教育，尤其是作为文化传承主体的价值观教育。让青年学习和接受更多的西方文化，了解世界各种先进文化之所长是一方面，同时也要让青年更多地认同和接受现阶段主流意识形态，不断内化，并有更多的机会接触、学习和保留中国优秀的传统文化和价值理念，培养青年的自我意识，更具文化传承的责任和担当。

（一）青年是文化传承的主体

青年是文化传承的主体，要提高青年的主观能动性。"当今时代，文化越来越成为民族凝聚力和创造力的重要源泉、越来越成为综合国力竞争的重要因素。"习近平总书记 2014 年 4 月在中央国家安全委员会第一次会议上指出，当前我国国家安全的时空领域比历史上任何时候都要宽广，强调既要重视传统安全，又要重视非传统安全，构建包括文化安全在内的国家安全体系。因此，提升国家文化软实力，维护和捍卫中华民族的文化传统，保障国家文化安全至关重要。中国国家文化安全，即中国拥有本国的文化主权，能保持本国、本民族文化发展的独立性，不受任何外来力量的干扰与威胁，中国人民的基本文化权益能得到保障。中国国家文化安全是中华民族优秀文化的安全，青年是中国传统文化传承的主体和载体，对文化安全的维护和发展至关重要。

"文化安全"在当代，主要指各国人民都不希望自己所属的"国家—民族"的基本价值和文化特性会在全球化大势下消失或退化。① 要保留这种文化传统和文化特质，主要的方式就是通过一代一代人的守护和延续，即文化传承的路径，通过青年群体，将这种文化特性很好地保留下来。青年的价值理念、道德观既是传统文化传承的载体，也是传统文化得以保存下来的重要主体，要充分发挥青年在文化守护和文化传承上的主观能动性。文化传承，在时间上，是一代人与一代人之间的传承，在时间上不能中断，在代与代之间要保持连续性。让青年认识到其在文化传承过程中所应该发挥的作用，通过代与代之间的文化传承，可以使传统得到巩固和积累，使我们的生活习惯、风俗、行事作风、道德伦理观念等基本的

---

① 潘一禾. 非传统安全研究中的国家文化安全关注 [J]. 江南社会学院学报，2008（2）：7.

价值理念得到不断延续。对历史的记忆，对传统的守护，是一种给人安全感的行为模式。如果价值理念出现断裂，基本价值观遭到质疑和否定，给大家思想上造成混乱，以及由此而来的不安全感，也是文化"不安全"的重要表现。对于传统优秀和精华的部分，有利于现代发展、有利于稳定和国家长远发展的部分，我们通过代与代之间自然传承，通过一种文化惯性一代一代之间相互传递，青年在这个过程中起到了起承转合的作用。如果青年没有意识到这种责任，或者青年对传统的价值理念的认同出现了断层，对整个传统文化的价值理念将造成不可预估的负面影响。因此，我们要更加深刻地认识青年在文化传承和传统文化守护中所发挥的重要作用。

在文化传承的过程中，由于传承主体的不同选择，对文化的影响是不一样的。从文化传承大致经历的这5个过程来看，如果没有外来因素的影响和介入，文化将按照自己的逻辑，保持自己的文化特质和特性。如果有外来因素的干扰，尤其是强势外来因素的干扰，会改变人们的行为习惯和思想，如果外来因素非常的强势，而自主的文化传承本身又出现了断层，青年对过去和传统了解的途径变少，社会氛围也不提倡传统而是一味求变求新，身心发展还不成熟、在成长和自我发展中的青年思想和价值观很容易出现剧烈的变化和思想上的混乱。在文化传承的第四和第五阶段，青年发挥了至关重要的作用。青年既对传统有一个接受和认同的过程，同时也对传统的价值理念有一个再创造和再实践的过程，而在第五个阶段强势外力因素的影响之下，青年本身的判断能力和抵御外来文化和价值观的影响能力也显得尤为重要。如果我们自身的传承出现了断层，而外来的因素又十分强势，青年出现了信仰的真空、价值观的断层，以及思想上的混乱，则是对我国的文化安全非常不利的局面。

在文化还在同辈人之间相互交流和相互影响之下，优秀的传统不断被提炼和模仿，从而继续传承到下一代人，代与代之间的传承是传统中最为核心和稳固的形式。青年作为文化传承的主体和载体，对我们国家的文化特性和文化传统的守护、延续和发展起到了非常关键的作用。在整个过程中，青年对我们自己所属的"国家—民族"的文化特质和价值理念在多大程度上了解？通过家庭、社会和政府等多种途径是否实现了将传统传承给下一代子女？当我们通过家庭、社会和政府等多种渠道将这种传统很好地延续给了下一代子女时，青年对这种固有的文化传统在多大程度上是从内心认同并接受的？古老和现代在多大程度上是不矛盾冲突的？青年是否有更深刻的认知和判断？此外，如果外来文化强势介入，对青少年的生活习惯、行事作风等产生了深刻的影响，尤其是外部条件的改变，在全球化越来越深入的今天，是不可避免的，青年在多大程度上被这种外部因素所影响并改变？对外来文化和价值理念是否具有正确的认知和客观的判断能力？这些都是关系着维护我国传统文化安全的关键问题。

从意识形态的安全和阶级性来看，中国的文化安全主要指社会主义主流意识形态在多大程度上得到了国人尤其是青年的认同，从时间维度上来讲也是现当代正在发生的主流价值观。从时间的维度来看，人们对现当代正在发生的主流的社会主义核心价值观，不论是政府、主流媒体还是学校都是非常重视的，是青年社会主义核心价值观教育的主要内容。相比较而言，从文化传承安全和民族性的角度出发，中国的文化安全主要指中国的优秀传统文化和价值理念，多大程度上在青年中得到保留和传承，以及青年的接受和践行度如何。从时间维度上来讲，这是一种过去的、古老的、传统的价值理念。与主流和现当代正在发生的社会主义核心价值观教育的宣传相比，过去的、古老的、传统的文化传承的核心价值观教育则相对薄弱。而在主流的现当代此时此刻正在发生的社会主义核心价值观的教育上，青年的自觉接受程度和内化程度也需要进一步加强。主流的宣传很强势，如何避免青年的排斥心理？书面的文字很正能量，如何在实践中自觉践行？我们需要从根本上提高青年对文化传承主体责任的自我意识，在文化传承的实现上发挥青年正面积极的主观能动性。

（二）青年是文化渗透的重要对象

青年是文化渗透的重要对象，也是最容易被影响的人群。是什么威胁了谁的文化安全？学者潘一禾指出，今天的文化不安全感并不是文化弱国或文化弱势群体的"专利"。大量的当代"国家—民族""文化安全"问题主要是随着"全球化"趋势和"现代化"运动而来的。① 文化霸权、强势文化影响、意识形态矛盾和冲突等都是当代文化安全的重要内容。文化霸权（cultural hegemony）这一词源自西方，"其本义是指一个国家的领导人或统治者，一般用来表示国与国之间的政治统治关系"②。作为学术术语，文化霸权理论是由西方马克思主义研究学者葛兰西（Antonio Gramsci）第一次

---

① 潘一禾. "非传统"视野中的当代国家文化安全 [J]. 世界经济与政治，2005（2）：51.

② 孙晶. 文化霸权理论研究 [M]. 北京：社会科学文献出版社，2004：1.

提出来的。文化霸权更多的是一种文化领导，通过非暴力和非强制性的手段潜移默化达到预期效果。在国际文化交往中，仍然存在的现象是，在文化上具有优势地位的文化强国，通过各种优势，尤其是语言、教育和信息技术等方面的优势，作为一种外来文化，对目标国进行文化影响和渗透，使这些国家的文化特色和文化传统逐渐改变或消失，从而接受外来强势文化的价值理念。这些改变或者是被动的，或者是主动的。

文化霸权和文化强权反映了一个国家的文化实力。对其他国家文化安全构成威胁的国家，其本身是在文化实力和影响力上都具有压倒性的优势地位。在文化交往的过程当中，拥有了话语权，是话语和标准的制造者，通过各种方式进行文化渗透和文化植入，具有很强的渗透力和影响力，其他国家主动或被动地被其影响并改变。从中，我们可以看到文化霸权背后的意图，通过文化对一国产生影响，改变他国国民的生活方式和价值理念，使其逐渐淡忘和放弃本国的文化特性、传统和价值理念，是文化强势国家的国家战略之一。较之于军事战争，文化霸权的手段更巧妙、更隐蔽，同时也更具颠覆性和彻底性，一旦文化霸权的目标得以实现，这种改变将是彻底的甚至是没有反抗的。因为他征服的不是疆土，不是经济上的胜利，而是对人心的一种俘获。

文化霸权无疑具有强烈的政治意图，将自己国家的政治制度、意识形态、思维方式和生活方式等作为一种放之四海而皆准的行为准则，通过现代技术手段和交流机制，潜移默化地影响对方的国民，以征服和控制人心。青年是文化强势国家通过文化霸权的手段潜移默化影响人心的重要改变对象，要让我们的青年追随他们的文化，和自己本民族的主流和传统文化断层断根。从文化的阶级性和民族属性出发，虽然这种风险一直都可能存在，但是在全球化和国际交往日益密切的今天，技术手段提供了催化剂，加速了青年受影响的过程和程度。

国家文化安全问题一直都受到党和国家领导人的高度重视。对国家安全可能直接造成威胁的事件或因素，比如战争等这些暴力的、显性的安全威胁，更容易加大资源和力度去防范。对通过强势文化潜移默化影响人心的比较隐性的安全威胁，尤其是针对青年的价值观渗透，这些同样重要的安全隐患相对容易被忽略。而西方国家或有意或无意地已经在对我们的青少年从生活各方面开始了渗透。当代青年如果能清醒地认识到这一问题的实质，就能够促使其对外来文化有更深的理解和判断力，而不是无判断地接受外来文化宣传的价值理念，能够自觉抵制外来文化的渗透，承担起维护国家安全和文化传承的重要历史使命。

为此，我们要从根本上强调青年核心价值观教育的文化安全属性：一方面，在主观上，要让青年认识到在特定的历史时期身上所承担的文化传承的历史责任和使命，这是主观能动性和向内寻求解决办法的路径；另一方面，在客观上，我们应该不断提高风险的防御机制，看清楚外来文化的实质，降低他们对青年产生的影响程度。由于青年的主观和客观因素，比如，处于心理发展的不成熟时期；人生观价值观形成的过渡时期；各种不稳定因素，各种价值观和信念的混乱和矛盾时期。青年时期是最容易被影响的时期，青年也是外来文化渗透的重要目标和对象。一个充分具有文化自信和对当前政治制度文化和本国优秀传统文化信奉的青年，天然具有更高的抵抗能力。与此同时，注重中国传统文化的社会土壤和环境，对外来文化提供更加全面和理性客观的了解，青年对外来文化的追随和崇拜就会更加理智，青年价值观被渗透和影响的风险就能降低，国家文化安全的风险也能降低。

三、文化安全与青年核心价值观教育

从文化安全的理论视角出发，让我们重新认识了青年核心价值观教育的重要性，同时也对青年核心价值观教育的内容和教育路径产生了一定的影响。青年核心价值观的教育内容和教育路径涵盖了目的和手段两方面的内容。从目的指向来看，我们最终希望青年的核心价值观教育实现一种怎样的价值观体系。从文化安全的角度出发这一价值观体系涵盖了哪些内容要素。如果这一价值体系能够在青年的核心价值观中得以实现，则能更好地维护我国的文化安全；从手段上来看，要让这一价值体系得以实现，可以采取哪些有效的措施和手段，这些措施和手段是青年核心价值观形成和培育的外部因素；从文化安全的层面，当代中国青年核心价值观的教育要从家庭—社会—国家三个层面为当代青年核心价值观的形成和培育提供外部条件和规避外来文化风险。从目的上来看，我们从根本上是要提高青年的自我意识和主观能动性。青年的自我意识和主观能动性，是价值观形成和内化的重要催化剂；从手段上来看，要为青年核心价值观教育在国家战略的层面提供更有利的条件。通过增加青年的主观能动性以及提供有利的外部条件，内外结合，相互促进，达到一个良性互动。通过突出文化安全变量，我们对青年核心价值观教育的意识形态安全、文化传承安全和对外来文化的认知和判断

能力上都有了新的认识。

（一）青年核心价值观体系是一个历史的动态过程

青年核心价值观体系不是一个静态概念，是一个历史的动态过程。从时间维度和整体上来考察，我们会发现其中的阶段特征，如集体的—个体的、现实的—理想的、精神的—物质的、未来的—当今的、平等的—差异的、革新的—保守的、民主的—集权的、目的的—手段的、单一的—多元的等取向所表现出的不同特征。和过去的年代相比，当代中国青年的价值观体系整合程度相对不高，价值观取向更加多元。青年的价值观念及其取向在很大程度上存在差异，一致性并不是很明显，存在各种矛盾和冲突。

在不同的价值领域，青年的价值观及其取向之间也存在着矛盾，它更多地体现为演变的程度、速度的不一致，也有方向的不一致。我们发现，在日常生活领域中青年的价值观评价的变化比较彻底，而且与他们现实行为之间的关系比较密切；在社会领域中的许多评价，无条件地认同社会主导观念的居多，从而显示出青年的另一种精神面貌；[①] 在人生价值领域，对个体价值的肯定是总的取向；而在社会现实或处世决断方面，却没有表现出相类似的特征。他们对社会道德状况的评价侧重于对社会公德的苛求，对个人道德问题比较宽容，但是在人生意义的理解方面，过多自我制约的取向在许多青年那里比较明显。诸如此类的不一致性反映了青年在不同价值评价领域中所遵循的尺度或准则的差异。[②]

[①] 陆建华. 来自青年的报告：当代中国青年价值及其取向的演变 [M]. 沈阳：辽宁人民出版社，1992：277–278.

[②] 陆建华. 来自青年的报告：当代中国青年价值及其取向的演变 [M]. 沈阳：辽宁人民出版社，1992：267–284.

这种矛盾和混乱对青年核心价值观的稳定形成是一种阻力。与此同时，在这种矛盾和混乱中，也出现了一些新的社会现象。如果从文化安全的角度出发，一些新的社会现象会对文化产生重要影响，比如，一些青年对西方的节日、生活方式的推崇，而对中国传统文化很多优秀的部分没有更多途径进行很好的接触和体验。比如，我们诗歌吟唱的传统，在中国青年当中很少能够去实践和体验，而在韩国，作为受中国大文化圈影响的国家却看到了这样一种保留。这个现象本身并不是青年的自身认识和主观能动性出现了问题，而是受到社会外部环境和社会氛围的影响。从当代中国青年价值观演变的动态过程来看，我们可以发现一些现实的困境和历史的难题，需要配置更多的社会资源来解决这些问题。

（二）文化安全对青年核心价值观教育内容的影响

从国家文化安全的内涵和重要性出发，对当代中国青年核心价值观教育内容的定性规定有重要的参考意义。国家文化安全有哪些具体的内涵？青年核心价值观教育关系着这些安全内涵的实现。具有丰富含义的国家文化安全，是青年核心价值观教育内容的一个重要参考变量。从内容上来看，很多都可以归为文化安全的范畴，诸如对主流意识形态接受和认同相关的意识形态安全，对传统文化特性在多大程度上得到保存的传统文化安全以及相关的文化经济和文化产业安全，一个国家内部自主使用的具有本民族特色的语言文字安全等。从文化安全的这些内涵，我们可以相应地对当代中国青年核心价值观教育内容进行一个定性的规定。意识形态安全关系着对主流意识形态的接受和认同，是国家政权和政党统治合法性来源的重要基础，是国家文化安全的核心；传统文化安全关系着本国民族特色、风俗习惯、语言文字等的传承，同时也关系着本国文化特色产业的生存和竞争力，是国家文化安全的灵魂；而对外来文化的了解接受程度和批判能力，对文化技术和文化信息的获取掌握和辨别能力，是国家文化安全的外部支撑。通过内外结合，相互补充，三者构成一个动态统一的安全体系，为我国的文化安全提供重要的保障和支撑，任何一方面的缺失，都会带来文化安全稳定平衡的破坏，使"安全"变成一种"不安全"。一个稳定的国家文化安全体系，有赖于这三者的动态平衡。

青年核心价值观教育的文化安全属性决定了青年核心价值观教育的内容要有利于维护我国文化安全。相应地，在青年核心价值观教育内容上，为了更有利于维护我国的文化安全，我们主张和倡导的青年核心价值观教育内容和青年核心价值观取向上至少应包括三个要素：首先是对当代中国主流意识形态文化的价值理念即社会主义核心价值观的认知、接受和践行。其次是对中国传统文化和价值理念的了解、认知、接受。从传承的角度而言，对中国的传统文化和价值理念要保持最原始的文化自信。最后是对外来文化的认知教育。其中既包括了对外来文化和价值理念的认知和接受，对一些类似于全球伦理的普世价值的了解和认知，在与本民族的传统文化和价值理念进行比较的基础上批判性地接受。同时也包括了对外来文化尤其是强势文化对外传播和渗透的方式、方法和动机的认知和风险防范意识，从而对外来文化有一个更加客观理性的认识。在比较、吸收外来文化的长处和有价值的部分的同时，不断继承、发展和创新本民族的文化。青年文化传承并不是被动传承，也有主动的创新和发展。这三个要素的动态组合构成当代青年核心价值观体系的重要内容。对主流意识形态的认同教育、对传统文化的传承教育和对外来文化的认知教育构成了青年核心价值观教育的重要内容，形成了一个有利于文化安全实现的稳定结构（如图1）。

从文化安全的角度，我们突出强调了对文化安全会造成影响的三大重要因素。社会主义核心价值观教育涉及的意识形态安全，需要青年有更强的自我意识，并进一步关注青年的认同程度和实践性。文化传承的传统文化价值观要素，在青年的思想政治教育和价值观教育上也往往容易忽略青年作为文化传承的重要载体和主体的作用。教育环境本身对传统的态度也容易影响青年对传统的认知，例如，在对一些西方教材的借鉴上，西式教材的背后往往蕴含了西方深刻的文化因子，这些都需要在借鉴的时候解释清楚，设置好前提条件。

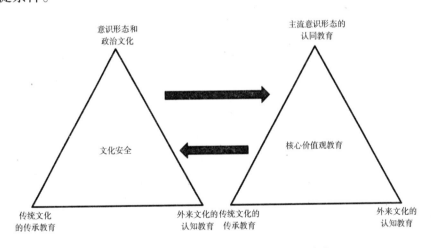

图1 文化安全三要素与核心价值观教育内容

对西方的政治制度要客观理性地分析，不能一味地追求西式的解决方案。任何东西都不能简单地照抄硬搬，都有他本身形成需要的土壤和环境。我们在对意识形态安全核心的强调上、对突出中国传统文化安全灵魂的基础上并不排斥对外来文化的吸收和借鉴，而是在深刻了解和理解对方逻辑的基础上批判地接受，这样就不容易造成青年在对待本土和外来文化价值理念上的混乱。一种政治制度、政党统治有其自身的发展逻辑、深刻的历史文化原因和现实条件的限制等，适合自己的并且有利于长远发展的才是对本国有利的。

青年是文化传承的主体。从文化安全的角度出发，青年核心价值观的内容应当反映出有利于维护我国文化安全的方面和青年文化传承的属性。在青年核心价值观教育内容上，文化安全的促进和维护有赖于对当前主流意识形态的认同程度、传统文化传承的实现程度以及对外来文化了解和接受的程度。一方面在主观上加强青年对主流社会意识形态的认同教育和对传统文化的传承教育，另一方面在外部条件上，不断增强本国的文化相关产业，加大对青年核心价值观教育的相关投入，都是有利于青年核心价值观教育的重要方面。

（三）文化安全对青年核心价值观教育的路径影响

从文化安全的角度，认识青年核心价值观教育的核心和本质，使越来越多的青年能够从主观能动性上认识到其在国家文化安全维护和文化传承过程中能发挥的正面或负面作用之大，更加积极主动地形成和接受有利于国家文化安全稳定的青年核心价值观体系。这一体系和国家文化安全紧密相关，涵盖了意识形态安全和对中国传统文化传承的核心价值观要素。与此同时，为了防止外来文化的渗透和被彻底外化的风险，也不能故步自封，要吸收和借鉴西方先进的合理的价值体系,批判性地接受外来文化的优秀部分,这种批判性的接受归根结底是能够在比较中认识"本国家—民族"的文化特性。对不同价值观要素的教育,可以采取各自有利于这方面价值观要素教育实现的方式。国家和社会一起给青年的核心价值观教育提供外部的支持体系。

青年的核心价值观教育"要高度重视中国历史及文化传统的教育,这是保障网络时代下的当代中国青年对国家、民族和社会产生认同意识和归属感的重要方式……要全面挖掘和开发中国历史和传统文化中优秀的思想和价值观;要充分了解当代青年身心发展的特点以及文化传播的途径和特点;要充分了解其他国家和地区文化的特点;要充分了解世界发展的历史、现状和趋势,并针对未来发展需要建设具有包容性的自身文化。这就是说我们既要坚持自身的优秀传统文化,又要充分开放,兼收并蓄,充分吸收和借鉴人类创造的一切优秀文化成果,这样才能既不迷失自我,又能获得新的发展。"① 从文化安全的角度,青年核心价值观的教育路径要紧紧围绕传承教育、认同教育和认知教育的实现方式展开,充分挖掘各自相应的创新手段,为当代中国青年核心价值观教育挖掘更多的合理路径。

---

① 徐九仙. 论文化安全视野下青年核心价值观 [J]. 当代青年研究,2011(1):27.

第三章

青年核心价值观教育的主要内容

本章将从文化安全的角度出发重点考察青年价值观教育的内容。

第一，中国当前的主流意识形态价值理念是当代中国青年核心价值观教育的核心和首要内容。

文化安全包括了政治制度和社会管理制度上的安全感，对主流的中国意识形态价值理念的认同，是青年对我国政治统治合法性来源的重要基础。从历史的考察中我们会发现，对主流意识形态和价值观的强调，是我们政府和社会的主导风向。强势的声音也容易对青年造成一定的抵触情绪，存在盲目的否定和排斥现象。是否存在一种方式，通过去意识形态化的教育方式，来达到意识形态价值观内化的结果？通过一种非官方的社会的形式，即在青年的社会主义核心价值观教育中增强社会影响力来达到社会主义核心价值观教育的目标，是一个有效的路径。在后面的讨论中，我们会进一步阐述在青年的社会主义核心价值观教育上如何发挥社会的影响力。

第二，中华优秀传统文化的价值理念是中国青年核心价值观教育的灵魂和文化底蕴。

从某种程度上来说，对中国传统文化优秀价值观的传承教育是青年核心价值教育的灵魂和归宿。对中国传统文化的传承教育是青年核心价值观教育的关键内容。其中社会主义核心价值观教育和中华优秀传统文化的价值观教育两者并不是冲突的，而是相互补充和互相促进的。社会主义核心价值观很多优秀的价值理念也是来源于中国传统文化。从文化安全的角度出发，中国青年核心价值观教育从根本上要对中国优秀的传统文化和价值理念起到一个传承的作用，中国优秀的传统文化和价值理念应该在青年的价值观教育内容中占据重要的比例，是青年核心价值观教育的出发点之一。

第三，对外来文化的认知和风险防范价值观教育是青年核心价值观教育的重要支撑。

对外来文化的认知包含了两方面，一方面是对外来文化和价值观的认知和接受，对一些类似于全球伦理的普世价值的了解和认知，在与本民族的传统文化和价值观进行比较的基础上批判性地接受。从青年文化传承的发展阶段来看，青少年一代在成长过程中对文化的接受程度、态度和实践发生新的转变和变化，并进一步创新和发展本民族文化传统和价值理念。学习其他文化的优点和长处有利于对本民族传统文化的创新和发展。青年文化传承不是单向地被动接受和传承，也有主动的回应、创新和发展。

另一方面是对外来文化尤其是强势文化对外传播和渗透的方式、方法和动机的认知和风险防范意识。从文化安全的角度出发，在核心价值观教育中培育青年的这种主动风险防范意识尤为重要。对外来文化影响和渗透方式的认知和了解，也是青年核心价值观教育的重要支撑。对外来文化认知和风险防范的价值观教育可以有效预防青年"无判断"地接受强势外来文化所渗透的价值理念。对外来文化的认知和风险防范价值观教育，是青年核心教育的重要内容。他山之石，可以攻玉。外来文化对当代中国青年的影响并不是无痕迹的，我们要发现这些痕迹，以及痕迹背后的力量。从国家间的关系和文化安全的角度，我们会发现，外来文化对我国青年的渗透和影响，很多是在国家层面上的战略和政策推动实现的。在青年核心价值观教育的内容上，要涵盖对外来文化及其表现形式的深刻分析。对外来文化进行客观理性的介绍，有吸收、有批判，从而自觉增强青年对外来文化的辨别能力以及对外来文化影响的抵抗能力。

一、认同教育：对中国主流意识形态价值理念的认同

文化安全问题的第一个重要因素是中国主流意识形态和价值理念的安全问题。传统文化传承是文化安全的灵魂，维护主流意识形态的正统性则是文化安全的核心。对传统文化传承安全的强调注重文化的民族性，而对当前主流意识形态安全的强调注重文化的阶级性。对主流意识形态价值理念的认同有来自两方面的考验，一是外来政治和意识形态价值观的强势介入和影响，二是一国内部的社会氛围，以及对政治权威和政治合法性的挑战等。而这两个因素是相互影响的，外来政治和意识形态价值的强势介入，是国内政治权威和政治合法性受到挑战的催化剂。而国内社会的混乱，出现社会冲突、意识形态和信仰真空等会更加有利于外来政治和意识形态的介入。政治统治的权威一旦受到挑战，合法性认同的基础减弱，国家

将出现混乱局面，传统文化安全也将面临威胁。对主流意识形态价值理念的认同教育包含了马克思主义信仰教育、中国特色社会主义共同理想教育和社会主义核心价值观教育等重要内容。

（一）马克思主义信仰教育

马克思主义信仰主要指的是人们对马克思主义的信仰或信仰者心目中的马克思主义，它旨在引导人们接受共产主义的理想理论、从事共产主义的实践、实现共产主义的社会制度，从而实现"人类从必然王国进入自由王国的飞跃"①。马克思主义既是科学的理论体系，也是科学的信仰体系。与宗教这一主要的信仰形式和形态相比，马克思主义信仰具有可靠性、现实性、科学性和崇高性。青年的核心价值观教育首先是信仰的确立，这一信仰不是虚无的、超验的、低俗的、片面的，马克思主义信仰是现实的、科学的、崇高的、全面的信仰。马克思主义信仰教育可以积极地引导青年核心价值观的形成。

马克思主义信仰是我们认识世界、改造世界和社会主义现代化建设的精神动力和强大法宝，是中国共产党执政的政治准则、价值观念和精神支柱，是我们的优势所在。邓小平同志在1985年9月23日党代表大会上指出，"过去我们党无论怎么弱小，无论遇到什么困难，一直有强大的战斗力，因为我们有马克思主义和共产主义的信念。有了共同的理想，也就有了铁的纪律。无论过去、现在和将来，这都是我们的真正优势"②。我们要把这种优势传承给青年，

---

① 中共中央马克思恩格斯列宁斯大林著作编译局. 马克思恩格斯全集：第 20 卷 [M]. 北京：人民出版社，1971：308.

② 魏道履，沈忠俊. 伦理学 [M]. 厦门：鹭江出版社，1986：287.

加强青年的马克思主义人生观和道德理想的教育。

对青年的马克思主义信仰教育一直也是学校思政教育的重要内容。相对来说，马克思信仰教育等政治制度和意识形态安全相关的价值观教育，并不是战略上是否重视（非常重视）、宣传上是否突出（非常突出），而是如何采取一种让青年更容易接受的方式进行宣传和教育。一直以来，意识形态安全的价值观教育都是主流声音。马克思主义信仰教育作为共产党的政治准则和信仰体系，是我们在宣传和价值观教育过程中一直很重视的内容。马克思主义信仰教育的重要性，党和国家领导人都有深刻的认识和阐述。习近平总书记 2012 年 11 月 17 日，在中央政治局第一次集体学习时强调："坚定理想信念，坚守共产党人精神追求，始终是共产党人安身立命的根本。对马克思主义的信仰，对社会主义和共产主义的信仰，是共产党人的政治灵魂，是共产党人经受住任何考验的精神支柱"。"我们共产党人的本，就是对马克思主义的信仰，对中国特色社会主义和共产主义的信念，对党和人民的忠诚。我们要固的本，就是坚定这份信仰、坚定这份信念、坚定这份忠诚。"① 这些要求对共产党人和领导干部适用，同样也适用于青年的核心价值观教育。

对当代主流意识形态价值观的认同教育首先要坚持培养青年的马克思主义信仰，使青年自觉认同马克思主义信仰。马克思主义信仰是一个共产党人的灵魂所在，是建设社会主义的理论和思想基础，是我国主流的意识形态价值理念和价值观，也是我国政治统治合法性的重要基础和来源。青年核心价值观教育要以马克思主义为指导，加强广大当代中国青年的马克思主义信仰。如果一个以马克

---

① 习近平. 在全国党校工作会议上的讲话 [J]. 求是，2016（9）：5.

思主义以及马克思主义中国化成果为指导思想的社会主义国家中，作为社会主义现代化接班人的青年群体对马克思主义没有信仰，对马克思主义中国化成果——毛泽东思想、邓小平理论、习近平新时代中国特色社会主义思想等没有信念，对社会主义制度的优越性没有深刻认识，对社会主义的核心价值体系没有发自内心的认同，将对我们的政治制度和文化安全产生长期的负面影响。

在一项关于当前大学生马克思主义信仰状况的调查中，关于对马克思主义了解情况，28%左右的学生表示完全了解，65%左右的学生表示大概了解，6%左右的学生表示不了解。再进一步深化到对马克思主义信仰的层面，有84%左右的学生对马克思主义的信仰是非常坚定的，有10%以上的学生是不完全相信的态度，还有5%左右的学生是完全怀疑的态度。在对马克思主义的了解方式上，一半以上的学生表示是通过学校教育和课堂，但是在对学校的思政教育和课堂教学调查中，有将近40%的学生认为学校的思政教育形式上不够新颖，不足以引起大家的兴趣，或者是没有什么感觉。课外的了解方式主要是通过自媒体等快速浏览信息的网络平台。还有将近20%的学生认为马克思主义对中国发展的现实意义不大，甚至有极少一部分学生选择了"马克思主义已经过时"①。虽然从认知和信仰的情况来看总体是乐观的，但这些数据和现象也足以引起重视。大学生对当前学校的马克思主义信仰教育在教学内容、手段等方面都存在不满意，认为需要创新改进。另外，除了作为公共课完成学业和学分的需要，大部分的大学生并没有真正作为兴趣更别说

---

① 林雯. 自媒体时代坚定大学生马克思主义信仰教育研究［J］. 高教学刊，2019（4）：191-193.

信仰去研究和接触马克思主义的相关理论。对马克思主义不能真正地深入学习和了解，自然也无法真正理解马克思主义所产生的巨大影响和魅力所在。没有了解，何谈信仰。

习近平总书记 2018 年 8 月 21 日在全国宣传思想工作会议上的讲话指出："建设具有强大凝聚力和引领力的社会主义意识形态，是全党特别是宣传思想战线必须负担起的一个战略任务。要做好做强马克思主义宣传教育工作，特别是在学懂弄通做实新时代中国特色社会主义思想上下功夫。"① 这里特别强调了"学懂弄通做实"，最后的落脚点在做实。青年的马克思主义信仰教育作为对中国主流意识形态的认同教育，需要不断认知、接受和践行马克思主义信仰，并保持观念和行动的一致性。

社会主义核心价值体系不仅仅体现在党和国家政府宣传的层面，也要体现在青年的内心认同和实践行为当中。意识形态工作无疑是极其重要的，但是对青年的意识形态工作又有其特殊性。任何一种信仰都不是短时间形成的，是长期潜移默化影响的结果。青年的马克思主义信仰等主流意识形态价值观教育尤其要注重非政府力量潜移默化的影响，包括社会公众人物的影响力、社会传媒和自媒体等社会力量的正面介入。政府更多的是提供一个平台和认知基础，让广大的社会和学校认识到青年主流社会意识形态核心价值观教育的重要性，汇集社会各方力量，做好和青年的身心成长以及与国家未来发展息息相关的青年核心价值观教育。

---

① 习近平出席全国宣传思想工作会议并发表重要讲话 [EB/OL]. (2018-08-22). 中华人民共和国中央人民政府网站，http: //www. gov. cn/xinwen/2018－08/22/content_ 5315723. htm? tdsourcetag＝s_ pcqq_ aiomsg.

（二）中国特色社会主义共同理想教育

理想信念体现了一个政党的价值追求。中国特色社会主义共同理想是在党的领导下走中国特色社会主义道路，实现中华民族伟大复兴和中国梦。通过青年中国特色社会主义理想教育将中国特色社会主义理想转化为青年群体共同的价值追求、价值取向和价值目标。2018 年 9 月 10 日，在全国教育大会上，习近平总书记发表重要讲话指出："在坚定理想信念上下功夫，教育引导学生树立共产主义远大理想和中国特色社会主义共同理想，增强学生的中国特色社会主义道路自信、理论自信、制度自信、文化自信，立志肩负起民族复兴的时代重任"①。"理想体现了人们对美好生活的向往和追求，是一个国家和民族奋勇前进的精神动力。一个民族、一个国家，如果没有共同的理想和信念，就等于没有精神支柱，就会失去凝聚力。"② 邓小平指出："要有远大的理想，才能永远保持前进的勇气和方向。""我们一定要经常教育我们的人民，尤其是我们的青年，要有理想。"③ 当代中国青年要有积极投身中国特色社会主义事业的主观意识，逐渐承担起中华民族伟大复兴的重任。

现阶段青年的中国特色社会主义共同理想教育要深入学习习近平新时代中国特色社会主义思想。习近平总书记在庆祝中国共产党成立 95 周年的大会上指出，坚定共产主义远大理想和中国特色社会主义共同理想，不断把崇高理想奋斗的伟大实践推向前进。中国

① 习近平. 坚持中国特色社会主义教育发展道路　培养德智体美劳全面发展的社会主义建设者和接班人［N］. 人民日报，2018-09-11（01）.

② 房宇，熊安锋，史明艳. 毛泽东思想和中国特色社会主义理论体系概论［M］. 镇江：江苏大学出版社，2018：240.

③ 邓小平. 邓小平文选：第 3 卷［M］. 北京：人民出版社，1993：110.

特色社会主义共同理想是社会主义主流意识形态和核心价值观的内容之一。习近平总书记指出，"人类发展的历史表明，对一个民族、一个国家来说，最持久、最深层次的力量是全社会共同认可的核心价值观。核心价值观，承载着一个民族、一个国家的精神追求，体现着一个社会判断是非曲直的价值标准"①。中共十六届六中全会提出：马克思主义指导思想，中国特色社会主义共同理想，以爱国主义为核心的民族精神和以改革创新为核心的时代精神，社会主义荣辱观，构成社会主义核心价值观体系的基本内容。中国特色社会主义共同理想是广大人民群众根本利益的反映，青年在多大程度上认同和接受，决定了共同理想在多大程度上可以凝聚青年的智慧和力量。青年的价值取向关系着国家的未来，青年是社会主义现代化建设的接班人和生力军。如何引导和帮助青年更深刻地理解中国特色社会主义共同理想，对青年的核心价值观教育提出了相应的挑战。

学者研究指出，中国特色社会主义共同理想教育在高校和大学生群体中面临诸多方面的挑战。第一种观点认为，当前高校共同理想教育面临的挑战主要是错误思潮。当前，我国高校意识形态领域总的形势是好的，但伴随着经济上、文化上的开放交流，各种非马克思主义、反马克思主义社会思潮也纷至沓来，已经在一定程度上影响了马克思主义的指导地位，对大学生中国特色社会主义共同理想的树立产生了不良影响；第二种观点认为，当前给大学生树立共同理想带来的挑战主要是市场经济的负面影响、社会腐败、西方价

---

① 习近平在北京大学师生座谈会上的讲话（全文）［EB/OL］.（2014-05-05）. ht-tp：//www. gov. cn/xinwen/2014-05/05/content_ 2671258. htm.

值观等；第三种观点认为，高校引导当代大学生树立中国特色社会主义共同理想所面临的挑战主要是经济全球化、新兴传媒等。① 这些挑战不仅是针对高校和大学生，而且基本涵盖了其他青年在内的群体，是中国特色社会主义共同理想价值观教育上所面临的共同挑战。

青年是一个富有个性的群体，思想活跃，注重参与，崇尚务实而又容易接受新鲜事物。在青年当中进行共同理想教育，要注意形式和方法。总体上，当代中国青年对中国特色社会主义共同理想在观念上是认同的，但是当前国际形势正发生深刻而复杂的变化，社会经济交往不断深入、多元文化并存和相互影响冲击，青年很容易在理想信念上发生偏差、迷失甚至扭曲，在思想上存在很多矛盾和冲突。上海市科教党委、市教委对上海市大学生调研显示，当代大学生青年可概括为"五强五弱"的特点：时代感强、责任意识弱；认同感强、践行能力弱；参与意识强、辨别能力弱；主体意识强、集体观念弱；个性特征强、承受能力弱。② 由于缺乏对中国近现代史的深刻认识，也缺乏坚定的中国特色社会主义共同理想。青年在中国选择社会主义道路的历史必然性上往往缺乏坚定的认识，也缺乏坚定的中国特色社会主义共同理想。特别是资本主义不但没有像马克思主义预言的那样很快被社会主义代替，而是表现出繁荣景象，更加深了一些青年对这一共同理想的怀疑，对中国特色社会主义前景信心不足。

在青年的共同理想教育上，如果青年持有怀疑态度，对中国特

① 教育部高等学校社会科学发展研究中心编. 成果辑要：社会主义核心价值体系研究述评［M］. 北京：教育科学出版社，2012：76-77.

② 宋进，王玲. 提高思想政治理论课教学时效性的教学理念和建设路径［J］. 思想政治教育研究，2007（1）：11.

色社会主义共同理想前景堪忧，容易使青年造成信仰缺失的状态，而这正是有利于外来文化影响和渗透的状态。2019 年习近平在北京主持召开学校思想政治理论课教师座谈会并发表重要讲话时强调，学生的困惑就是我们讲课的重点，只有抓住学生思想困惑、思想问题，对着学生的思想困惑讲，我们的课程才有了针对性。青年对共同理想的怀疑和困惑是价值观教育的重点。

（三）社会主义核心价值观教育

社会主义核心价值观作为一个体系出现在人们的视野始于 2006 年党的十六届六中全会。在这次会议上第一次系统提出了"建设社会主义核心价值体系"的重大战略任务问题，同时提出了社会主义核心价值观体系的四大方面的主要内容。这四大方面的主要内容包括了我们之前讨论的马克思主义指导思想、中国特色社会主义共同理想、以爱国主义为核心的民族精神和以改革创新为核心的时代精神、以"八荣八耻"为主要内容的社会主义荣辱观。作为党的思想和重要理论，社会主义核心价值体系不断提炼、深入、创新和发展。社会主义核心价值体系是社会主义意识形态的本质体现，我们要提炼出既简明扼要，又具有震撼人心的力量；既内涵丰富，又便于传播和实践的社会主义核心价值观。汇合社会各界人士的共同智慧，融合哲学社会科学等众多学科的理论，社会主义核心价值观的内容不断得到高度的凝练和集中的表达。

新一代领导人集体提出了高度凝练的 24 字社会主义核心价值观。从国家层面提出了"富强、民主、文明、和谐"的价值目标；从社会层面提出了"自由、平等、公正、法治"的价值取向；从个人层面提出了"爱国、敬业、诚信、友善"的价值准则。习近平总书记在十二届全国人大会上进一步阐释了要实现中华民族伟大复兴的"中国梦",同样也是从三个层次来理解,国家富强的中国梦、民族振兴的中国梦和人民幸福的中国梦。对大部分公民和青年来说,这些核心价值观对道德提出了更高的要求,并不是每个人都需要达到这样的高度。作为一个普通的青年,这些核心价值观并不简单是直接对公民和青年提出要求,而是通过塑造国家形象和凝聚精神以获得国民和青年的认同,使国民和青年按照这个标准来规范自己的行为。在价值观层面,我们不可回避的一个话题是高位的道德和底线的伦理问题。在这个问题上,中国传统文化的价值理念中有关于底线伦理"恕道"的道德精神,社会主义核心价值观体系则更多的是一种高位的道德精神,对自我有更高的道德要求,这两种道德精神正好是相互补充和相互促进的。

从社会主义核心价值观的 24 字原则来看,中国传统文化的价值观也在其中得到了重要体现。中国传统文化的优秀价值理念是社会主义核心价值观的重要来源。中国传统文化和社会主义核心价值观体系是相辅相成的,并不是矛盾冲突的。中国传统文化和价值理念可以强化青年对社会主义核心价值观的接受和认同,与此同时,社会主义核心价值观体系又可以反哺中国传统文化和价值理念,对中国文化的优秀价值理念进行传承和发扬。中国传统文化安全和社会主义文化安全是相互依存的而不是矛盾、冲突和割裂的。从文化安全的角度出发,对当代中国青年核心价值观的教育,要充分认识和肯定中国传统文化和价值理念与社会主义核心价值观体系之间的辩证关系,充分认识到他们二者之间相辅相成、相互依存的关系,两者互相促进而不是相互隔离或者此消彼长的关系。换句话说,注重中国传统文化和价值理念在青年核心价值观教育中的作用，并不会影响青年核心价值观教育中的社会主义核心价值观体系教育。相反，两者是可以互相成就的。从文化安全的角度，对青年核心价值观教育注重传统因素的介入，是能实现1+1大于2的效果的。

青年是否具有社会主义信仰，是否信奉社会主义核心价值观体系，关系着我国社会主义文化安全的稳定和维护。青年的世界观、人生观和价值观尚处于不稳定和形成的过程中，既具有非常强的可塑性，也具有非常强的被影响和被渗透性，容易受到非主流的思想和价值观的影响以及外来文化和价值观的影响。通过认同教育，加强青年的马克思主义信仰教育、中国特色社会主义的理想教育以及社会主义核心价值观教育，增强青年对中国主流意识形态理念的认同。

文化建设是中国特色社会主义事业五位一体总体布局的重要组成部分。推动社会主义文化繁荣复兴，要掌握意识形态工作的领导权、培育和践行社会主义核心价值观、坚定文化自信、建设社会主义文化强国。要通过各种形式，丰富青年价值观教育的内容，增强主流意识形态价值观教育的内化程度。这些教育内容既有马克思主义信仰教育、中国特色社会主义共同理想教育、青年的家国情怀的民族精神教育、青年的改革创新的时代精神教育，同时还有"中国梦"的理想信念教育等，通过丰富多元的价值观教育内容，对青年的社会主义主流意识形态教育进行积极正面的引导。此外，我们也要充分认识和肯定中国传统文化和价值理念与社会主义核心价值观体系之间的辩证关系，传统文化是社会主义核心价值观体系的来源之一。两者之间相互依存、相辅相成、互相成就。

二、传承教育：对中华优秀传统文化价值理念的传承

中华优秀传统文化的价值理念是当代中国青年核心价值观教育的文化底蕴，对中国传统的传承教育是青年核心价值教育的关键内容之一。从文化安全的角度出发，我们至少需要思考两个层面的问题。第一个层面，发现问题的警觉意识。比如，哪些价值理念在认知、认同和践行上存在问题的时候，是文化出现了不安全的威胁和风险的征兆？对这些价值理念的认知、认同和践行构成不安全状况可能的不利因素有哪些？有哪些方式方法可以用来化解这些不安全状况可能出现的不利因素，即化解这些危险和防范风险的手段有哪些？第二个层面，解决问题的战略意识。比如，面对文化可能面临的威胁、风险和不安全状态，应该由谁来守护和扭转这种局面，通过什么方式，以及要付出的成本有哪些等。对这些问题我们需要进行深入的思考，从中找到文化安全可能面临的困境，并从中找出解决的办法。

当我们个人、社会群体和民族基本的生活方式所拥有的"基本理念"受到威胁的时候，就可能出现文化安全"不安全"的状态。基本的生活方式、传统的习俗和文化是人们"基本理念"的现实基础和历史根源。中华优秀传统文化的价值理念是当代中国青年核心价值观教育的文化底蕴，也是维护我国文化安全，需要不断保护和开发的资源。

（一）文化特性不受威胁

保护传统文化的安全，归根结底就是使属于我们民族国家的文化特性不受到挑战和威胁。古希腊时期，一个不虔诚的人问雅典著

名的善辩律师毕阿斯（Bias）：什么叫虔诚？毕阿斯不答。这个人就一再追问。毕阿斯答："我之所以沉默，是因为这个问题与你无关。"不同文化群体的人往往会觉得其他文化圈的人是不会理解自己文化精髓的。这种长时间形成的，经过历史的发展和岁月的积淀，被本国人民、本族人民从内心深刻认同但是又不是三言两语可以说明白的价值观、价值理念或者价值体系，就是这个民族和国家人民的文化特质或文化特性。这种文化特性，学者普遍称之为"文化自信"①。

传统文化经过历史的发展和沉淀，历久弥新，已经融入了整个民族的意识并对行动起着潜移默化的影响，是具有生命力的东西。传统所带有的固定的生活习俗和价值理念，是根植于我国历史传统和现实土壤的具有民族特质的传统文化。传统作为一代代人的共同记忆，固有的模式和生活、行事方式，本身就有规范文化的力量，可以安定人心，给人的精神世界提供足够的支撑和安全感。守护这种文化特质，是文化安全实现的灵魂所在。

全球化虽然对中国文化产生了巨大冲击，但是中国文化本身具有的强大生命力、日渐强盛的综合国力和正在进行的文化体制改革为抵御文化渗透提供了有利条件。传统文化是在漫长的历史发展过程中积累下来的相对稳定的基本精神，这种固有的基本精神和价值理念是在外来文化和外来因素强势影响下而仍然能够保持本性不会迷失方向的根本所在。中华文明历经沧桑却能传承不绝，历经劫难却能百折不挠，绵延至今，其生命力令人惊叹。

中国历史悠久，具有强大的生命力。"中国文明是世界上几大

---

① 潘一禾. 文化安全［M］. 杭州：浙江大学出版社，2007：29-30.

古国文明中唯一得以幸存和延续下来的文明。自孔子时代以来，埃及、巴比伦、波斯、马其顿和罗马帝国的文明都相继消亡，中国文明却通过持续不断的改良，得以维持了下来。"① 作为中国传统文化的核心，儒家文化更是历经劫难而复兴，表现出强大的生命力和深刻的影响力。"就思想文化批判和意识形态的解构而言，自晚清到五四运动时期，政治救亡的急切心态生发出了强烈的文化上的哀怨之情，将儒家认定为是中国积贫积弱的罪魁祸首。"② 然而，儒家文明并没有在这种批判和解构当中彻底消失，而是依然影响着中国人的思维方式和人际交往模式。主张复兴儒家传统核心价值来回应西方挑战的努力在中国学术界也一直没有停止，例如，20 世纪80 年代，有关儒家文化传统与东南亚发展的讨论，使长期埋在心底的文化寻根意识在一定程度上得到觉醒，对儒家伦理这一传统文化的现代意义，学术界进行了充分地考察和论证。这些现象都充分说明了儒家伦理有很多优秀成分，无论从其自身而言，还是与其他文化相比较，抑或通过历史、现实实践，或者面向未来，都可以在儒家伦理中发现太多的优秀成分，这些优秀成分是中国传统文化的核心和精华。在青年的核心价值观教育中，要注重对这些优秀传统文化要素的反复强调。

（二）中华优秀传统文化价值理念

传统文化是我们固有生活方式和价值理念的升华，是一代又一代中国人的共同记忆，是我们的思想根源，用西方的语境来说，是

---

① 伯特兰·罗素. 中国人的性格 [M]. 王正平，译. 北京：中国工人出版社，1993：59.

② 景海峰. 全球化背景下的儒家伦理反思 [J]. 中国社会科学，2006（5）：16.

中国软实力的重要体现。要维护我国的文化安全，就要充分挖掘和肯定中国的传统文化资源，让青年自觉地参与到整个过程当中，使他们认识到自身的责任，同时通过学习使之具备相应的能力，对中国传统文化中优秀的价值观和道德理念有所了解、接受，并源自内心地认同。这种认同不仅简单源自一种信念，一种生而为中国人的自信，更是源自对传统文化和价值理念的充分了解。下面我们将对青年核心价值观教育内容的传统要素最核心的部分进行提炼和分析。这些内容也是青年核心价值观教育的重要内容。

主张入世有为的儒家文化和价值理念是中国传统文化的典型代表，并且逐渐确立了其官方文化的主流地位，儒家思想和价值理念对中国传统文化影响深远，因此本书对中国传统文化价值理念的论述和探讨侧重于从儒家思想和价值理念的角度进行归纳总结和提炼，也有其他传统思想的补充。中国传统文化和道德理念的精髓：比如，注重人与自然协调发展的"天人合一"的思想；以民为本，以民为重的"民为邦本"的理念；注重德行，以德治国的理念；"仁者爱人"的思想等。"立德"是中华文明的优秀基因。① 这些都是仍然具有现代性和时代价值、具有连续性和稳定性的优秀传统文化和价值理念，应该作为稳定的"文化特性"内化于青年的价值观之中。作为整体的中国传统文化，我们可以从很多方面去发掘它的价值所在。第一，对未来世界的"敬"与"和"。对天地和祖先的敬畏之心，对父母和长辈的至孝之情，我们称之为"敬"。对理想的社会和世界应该是"和谐""和平"的判断。第二，对人与人之

---

① 李宇靖. 中西文明优秀基因视野下青年核心价值观的培育［J］. 理论经纬，2016（1）：363.

间社会关系的整体道德判断主张"仁"与"爱"。"仁"是大道，仁首先是"爱人"，推己及人，从消极的意义上可以做到"己所不欲，勿施于人"，从积极的意义上做到"己欲立而立人，己欲达而达人"。第三，中国传统文化在认识问题的方法论上，主张"中"与"庸"，追求的是一种平衡的状态。恰如其分比矫枉过正、过犹不及需要更大的智慧。不论是个人还是社会，所追求的都是一种平衡的状态。第四，在实际的体验上，注重"谐"与"乐"。主张人的情感体验，以人为本，注重在相互关系中理解人和事。人在情感当中，更容易看到对方，而不仅仅是自己。相反，人在欲望当中，往往只看到自己而忽略对方。因此，在人与人之间的相互关系中要互以对方为重。①

从道德价值观层面以及有利于青年核心价值观教育的要素出发，我们可以从下面三方面对青年核心价值观教育的传统要素进行提炼。一是仁爱原则，即"仁者爱人"的整体道德观，这是中国传统的儒家思想和道德观的核心价值理念，也是其他价值观和道德伦理的出发点和依据，属于道德的动机。二是贵义原则，"义以为上"的社会伦理。"义以为上"的义利观是处理社会关系以及人与人之间相互关系的重要社会原则，也是道德的手段。三是"和而不同"的目标追求，这也是道德的目标。

对青年核心价值观的教育重视这三大道德原则的内容，从价值观的角度出发，这三个原则之间存在内在的关联，形成了一个自成逻辑的价值体系。"仁者爱人"强调的是道德动机，强调的是是否出自善心。作为儒家的整体道德和价值观基础，仁爱原则注重人与

---

① 徐九仙. 论文化安全视野下青年核心价值观 [J]. 当代青年研究, 2011 (1): 24.

人之间的相互关系以仁爱为出发点。"爱人之心"首先体现在具有血缘关系的家庭关系之中，然后由家庭关系推广到更为普遍的社会关系。这种父母血亲的"爱"是我们生而为人最自然也是最符合人性的关系。仁爱原则既是最自然最原始的价值取向，在道德上也是更终极的关怀。"行以义达其道"，不仅动机是善的，在手段和实现方式上也要符合道德的标准。"贵义原则"强调的是道德的手段。"和而不同"是处理本民族文化和外来文化关系最终比较理想的状态。"和而不同"是一种终极目标和道德追求，强调的是道德的目标。"仁者爱人""义以为上""和而不同"三大道德原则形成了一个"动机—手段—目标"三位一体的价值观体系。

1. "仁者爱人"

仁爱原则是儒家伦理的核心。仁爱原则表达了一种自内而外的爱心和关怀，这种爱心既是最原始的道德规范的起点，也是最根本的道德规范的最高要求。仁爱的价值理念既是传统的，也是现代的，既是独特的，也是全球伦理走得最远的。仁爱很好地诠释了"民族的就是世界的"。在青年的价值观教育中，要给青年树立这样一种民族自信和文化自信。

仁爱是儒家道德伦理和价值观最核心最基础的价值。加强青年对仁爱理念的理解、接受和认同，有利于青年对传统文化核心价值理念的接受和认同。仁爱是儒家一切道德伦理和价值观的出发点，也是中国传统文化中对道德的最高要求。仁爱作为一种高标准的道德诉求，和作为底线的道德要求相比，对人的自觉性、自律性提出了更高的要求。仁爱原则仍然具有现代的价值，而且对全球道德问题的解决具有重要的意义。仁爱原则中有两个规则，首先是"己所不欲，勿施于人"。这是从消极和否定的意义来看，是最基本的道德要求和价值理念，是一种底线伦理。在实践中，每一个青年都是可以做到和遵守的，我们称之为"恕道"。"恕道"被作为道德的"金律"，被全球伦理所接受和认同。第二个原则是"己欲立而立人，己欲达而达人"。相比底线伦理的"恕道"而言，仁爱原则的另一个层面是从"仁道"的角度提出来的，是一种更高的道德要求和标准。第二个原则从正面和肯定的意义上，提出终极的关怀，以成全他人为仁，以他为尊。这是一种更高的道德要求，对青年来说，并不是每一个青年都要有这个理想和抱负，都要有兼济天下的才能，所以对于仁爱原则，我们要从青年的实际出发，更多的是作为一种底线伦理"恕道"的层面对青年提出要求。但是仅仅有"恕道"也是不够的，即使暂时可能做不到这样的理想和抱负，但是要有这样的情怀。相对来说，一种相对中肯的，人人都可以做的道德要求和价值理念能够更好地得到模仿和传播。

仁爱原则有丰富的道德内涵。"仁"从"爱人"出发，具有深刻而广泛的内涵。首先他是人们处理社会关系的道德和行为标准的依据。孔子说："志于道，据于德，依于仁，游于艺。"（《论语·述而》）也就是说，在社会上处理人与人的关系，一切要以仁为标准，以仁为依据。第二，对个人来说，仁也是安身立命的根本。在孔子看来，一个人在任何情况下都不能没有"仁"的思想和观念。要平天下，先治国，要治国先齐家，要齐家先修身。修身最根本的就是修"仁"的德行，以"仁义"为出发点，进一步提出仁、义、礼、智、信等理想的人生价值观。"天子不仁，不保四海；诸侯不仁，不保社稷；卿大夫不仁，不保宗庙；士庶不仁，不保四体。"

（《论语·里仁》）

　　此外，我们要注意区分作为全德之称的"仁"和作为仁爱具体原则的"仁"。仅从《论语》中出现"仁"的次数之多，而且都用在不同的语境中，就能看出"仁"的地位之重要，含义之丰富可见一斑。如果不做这一区分，对"仁"的理解可能会更为混乱。因此，在儒家仁学体系的研究中，首先在广义和狭义上对"仁"的内涵进行了区分。就广义而言，"仁"是一个"全德之称"，几乎可以概括所有的德目。以孔子的仁学体系为例，"仁"包括了所有的道德，是判断是非最后的依据和最高的道德标准。在孔子的仁学体系中，"仁"包含了礼、义、智、忠、信、恕、孝、悌、恭、宽、敏、惠、刚、毅、木、讷等诸德。这里的"仁"已经超越了任何特殊的道德条目，是全德之称，是最高的境界，任何界定都是对它的限制，无以表达"仁"的完满性。从狭义角度来看，作为具体的仁爱原则的"仁"并不是无所不包，而是一种具体的道德规范，也就是我们通常说的仁、义、礼、智、信之"五常"之一，或者仁、义、礼、智之"四德"之一。且是"四德"或"五常"之首，统摄其他诸德。狭义上，对"仁"可以进行较为明确的理解和界定，表现为人与人之间以爱人的道德情感为主要内涵的道德规范，是一种爱人之心的美好品德。在由己推人、由近及远的方式下，这种爱心也发展为人与自然之间的道德情感。在行为上，可以通过"己所不欲，勿施于人""己欲立而立人，己欲达而达人"的忠恕之道来践行"仁"。

　　在儒家伦理与西方文明和世界各大文明的比较和对照中，我们可以发现仁爱思想不仅是中华文明最具代表性、最核心的伦理范畴，也是和其他文明思想的相通之处。排除儒家思想封建落后的因素，从超越时空的积极意义来看，儒家的"仁爱"既是血亲之爱的自然情感最真实、最本源、最原始的表露，也是由己及人、由近及远对他人最无私的爱与关怀；既是维持人际关系和社会和谐普遍存在的道德义务和责任，也是由近及远处理人与自然关系的道德要求。仁爱原则超越了一切基本道德规范，在道德上提出了更高的要求和更终极的关怀，同时也需要道德实践者具有更高的自觉和自律的精神。这样一种仁爱精神就是儒家意义上的"仁爱"。这种仁爱以人的善良本性，即人的良心为立论基础，以"爱人"为中心思想，以"忠恕之道"为行仁之方，体现了儒家的人道主义关怀和可持续发展思想，也是人类主要文明所一致认同的，对人类文明发展的方向具有重要的意义。儒家的"仁爱"、基督教的"博爱"和佛教的"慈悲"，虽然他们所说之"爱"各有不同，但是实质都是尊重人、关爱人、尊重生命。这种人道主义关怀从文艺复兴发展到现代，已经深入人心，成为人类主流价值观的共性。从这个意义说，儒家仁爱思想正是全球伦理所倡导的不可取消的标准和人格态度的共识之所在，也是全球伦理所提倡的一种坚持非暴力和尊重生命的文化，一种坚持团结、宽容、平等文化的精神之所在。全球伦理倡导者之一孔汉思在1989年世界宗教会议上指出："来自所有大型世界宗教的代表们原则上都同意，有可能从各自传统中解释博爱，博爱应该可以成为世界型宗教的一种共同伦理基础。""走得最远的是儒家代表，他能从儒家伟大的人道主义的传统出发。""仁"从来就是儒家最关心的事。可见，儒家的仁爱与其他文明的人道主义具有共性和同质性，包含了人类文明演进最核心、最基本的理念：

"把人当人看。"青年要充分认识到仁爱思想的现代价值，不仅对本民族文化的传承至关重要，同时也具有全球伦理的价值，和西方的人道主义相比，中国传统文化中的仁爱原则提供了一种新的模式和路径，且自成体系，具有独特的理论价值和思想价值。

2. "义以为上"

可以说孔子发现"仁"，就好像牛顿发现万有引力一样，只是孔子揭示的不是大自然而是人类文明乃至人类和整个宇宙的共同的道德信仰。这一道德信仰"从古及今"，是传统与现代的交汇，东方与西方的碰撞，其价值历久弥新，就像一坛好酒，越陈越香，而且逐渐酿成了自己的韵味和风格。较之于"道"或者"仁"等其他儒家伦理的核心范畴，"义"则侧重于方式和手段，"行以义达其道"。

对"义"的理解可以从三方面来考察，一是从义本身的含义"己之威仪"引申而出的，对人之所宜的法则、道德标准等的遵守，对适宜的、合乎情理的道德准则，自觉地遵守效仿和传播。每个人都在适当的位置上，以适当的方式发挥应有的作用。二是从义的后半部分释义"从我羊"中所反映的，是一种善与美。第一层含义是作为一种基本的行为规范进行遵从，第二层含义表现为一种价值追求，是一种更高的道德理想。此外，从义的基本内涵中我们也引申出了另一个重要的道德规范即信义或诚信。对各种行为规范的遵从落实到实践中就需要最基本的信义和诚信，尤其是道德上的自我要求和自觉承诺的"大义之举"，不受礼制或法律的约束，对这种义举的自觉践行就蕴含了重信义讲诚信的道德内涵。因此，我们可以看到信义往往是一体相关的。

对"义"的第三个层次的理解，需要从"义"和"利"之间的关系来考察。"义以为上"是相对"利"而言。青年在对"义利观"的把握上，并不是简单的"以义为先"。中国传统文化对道德和价值观的强调，往往具有一个底线的要求和一个更高要求之间的平衡，这种艺术即中庸。中庸本身也是我们中国传统文化所蕴含的一种思维方式和处世经验，具有重要的价值。

中国传统文化中不仅提倡"义以为上"作为更高的道德要求，同时也不否定"利"，主张"义利相宜"的思想，而且还可以"以义兴利"。在"义"和"利"之间达到了一个动态的平衡，既不否定作为我们本性的最基本需求的"利"，同时也强调了"义"的不可或缺性，义利是可以互相成就、互相成为彼此存在的条件的。"君子爱财取之有道"，在逐利的过程中，注重方式方法的正当性，将他人的利益也考虑到整体的利益之中，实现双赢的局面。而尊重他人的利益，以及对他人利益的关怀，最终也能成就自己利益的长远发展。所以我们可以看到，热衷于社会公益的商人，能够得到更大的认同，同时也具有更大的影响力，反过来也更能成就他的事业。比如说儒商，先儒后商，注重个人修养，注重诚信，又有较高的社会责任。儒商往往都是商界的精英，具有很好的口碑。这也反映了"义"和长远的"利"、整体的利益是不冲突的。这既是一种能给青年提供正能量的"义利观"，同时又注重"利"的考虑，更有利于青年实践和传播。中国传统文化中的"义利观"既有道德的关怀，又有利益的诉求，在"义"和"利"之间有一个很好的平衡，具有深切的人文关怀，又不否定利益本身。中国传统文化中的"义利观"可以很好地纠正一些青年在价值观上的偏差，他们追随西方的"金钱至上""拜金主义",却忽略了我们中国传统文化所倡导的"义利观"。

在中国特定文化背景下的道义原则更加强调道德的自觉意识和自律精神,在强调责任和义务的同时更加强调道德上的自我超越和更高的追求。儒家的"义利之辨"认识到道德和利益的辩证统一关系,首先肯定了道德是人之所以为人的根本要求,同时也肯定了利益是人类生存和发展的最基本需求。主张以道德限制利益,以合乎道义的方式追求利益,防止无限制地追求自我利益而损害他人或社会的整体利益。因此道德的前提是根本性的。儒家伦理的"义利之辨"既认识到了道义原则的重要性,同时也肯定了"利"的重要性,尤其是"长远之利""根本之利"和"整体之利",在追求道德合法性的同时是一种比较理性和客观的道德定位。儒家的义利观具有较高的道德要求,同时也主张合乎道义的方式追求"利",是一种可行的处理社会关系的道德伦理准则。在青年的价值观教育中,要充分分析中国传统文化义利观的独特性和合理性。

3."和而不同"

"和而不同"思想也是中国传统文化的重要思想源泉之一,为处理本民族文化和外来文化的辩证关系提供了重要的思路和依据。"和而不同"既保留了本民族的文化特性和文化特质,同时又不盲目地拒绝和排外,理性客观地吸收和借鉴外来文化,达到一种"和而不同"的理想状态。古代素有"和同之辨"。"和"可以做到相互对立的事物之间的相辅相成,就像各种音调组成的音乐、各种材料搭配出的美味羹汤。"同"是不存在差异,完全一样,是整齐划一的单一;而"和"则是在尊重事物多样性和差异性的基础上,所达到的和谐、协调的状态。

在青年核心价值观的教育过程中，在主观上，要提高对中国传统文化因素的重视，使中国传统文化的特性免于被遗忘、被抛弃，出现断层现象。在客观上，对外来因素的强势介入要善于用传统的力量与之抗衡。青年对于传统并不是简单地把传统拿过来，然后像放进博物馆一样进行典藏。在新的环境下，传统的形态和形式并不是一成不变的，而是在不断地变化，要与现代生活和当代社会相适应，让传统的价值理念在当代的语境和社会环境中得到再实践。青年在有机会接收传统所传承下来的优秀道德观和价值理念的基础上，加强对传统理念的认同和传承，并在新的环境中再创造和再实践，以一种更开放包容、更积极自信的态度，守护传统，善待传统，发扬传统。对传统开放包容，但不故步自封，对外来文化吸收借鉴，但不全盘接受，要处理好在传统中的平衡，在外来文化中的平衡，以及传统和本民族文化和外来文化之间的平衡，达到一种"和而不同"的状态，才能更好地维护我国的文化安全。

首先，在传统中的平衡。这要求青年能够认识到我们文化安全目前所处的状态，深入研究我们自己的文化传统和文化特质。在这个基础上，能够更好地认识我们文化传统的精华和糟粕，对传统进行扬弃，在传统中适应现代的部分和不适应现代的部分进行选择和平衡，并将传统中优秀的部分在实践中进行再创造。守护传统，并不意味着将传统一成不变地拿来。

其次，在外来文化中的平衡。保持文化传统和文化特色并不是简单地将外来文化拒之门外。现实中，这也是很难做到的。随着国与国之间经济文化交往越来越频繁，外来文化的介入和影响是必然的。如何看待外来文化的问题，需要一个更为中庸的方法和态度，在理解和接受之间寻求一个动态的平衡。对外来文化的民族性和阶级性要深刻地认识，对外来文化先进的理念要吸收和借鉴，顺应时代的发展潮流，对未来文化可能的形态进行研究，并参与其中的过程。对外来文化既不能拒之门外，也不能毫无保留毫不判断地盲目崇拜。

最后，在传统、本民族文化和外来文化之间的平衡。不论是在多大程度上借鉴和吸收外来文化，外来文化对本民族的影响、外来文化对青年价值观的影响都不能占据主要，灵魂必须是本民族的文化和价值理念。青年核心价值观体系的建构必须依托本民族的传统文化为根源。对于本民族文化中优秀的、具有现代价值以及全人类价值的价值理念，予以保留并在一定程度上进行再实践再创造。对外来文化和价值理念，对于其优点和长处，要善于学习，知道如何取舍，同时对于外来文化的缺点和外来文化整体的影响力要保持警惕。

如何保持这三者之间的动态平衡，使我国的文化特性文化特质不受到威胁，维护我国的文化安全，仅仅靠青年的自觉意识是不够的。对青年来说，他们自身的身心发展仍然不成熟，他们的知识储备也不充分。青年既承担着这么重要的维护我国文化安全的责任和义务，同时又可能还不完全具备这些相应的素质和能力，所以对青年进行核心价值观教育就显得尤为必要。而在青年的核心价值观教育过程中，从这些方面来引导，将更有利于我国文化安全的稳定和维护。通过对青年核心价值观的教育，从文化安全的角度，增强青年的自觉意识和责任意识，与此同时，增强他们对传统文化的理解和吸收能力以及对外来文化的理解和判断能力，使他们能够在传统文化的平衡、外来文化的平衡以及传统与外来文化的平衡之间游刃有余，成为维护我国文化安全的主心骨，承担起我国文化安全主体和重要载体的责任。

三、认知教育：对外来文化的认知和风险防范意识

对外来文化的认识和渗透方式的了解，是当代中国青年核心价值观教育的有效途径，对外来文化认识和渗透方式的认知教育，是青年核心教育的重要内容。他山之石，可以攻玉。认同教育和传承教育主要是从正面引导，增强青年的文化自觉意识和责任意识，认知教育则是从反面让青年对外来文化进行系统和全面的考察，使青年对外来文化有深刻的理解和足够的批判能力，从而对渗透方式自觉抵制。对外来文化的认知教育，有两方面，一是对外来文化本身的认知，尤其是外来文化中优秀的类似于全球伦理的价值观的了解和认知，注重对外来文化本身优势和长处的学习，并在和本民族优秀传统文化和价值理念进行比较的基础上批判性地接受。二是对外来文化作为一种手段的认知，即对外来文化尤其是强势文化对外传播和渗透的方式、方法和动机的认知和风险防范意识，从而对外来文化有一个更加客观理性的认识。对外来文化本身的学习和认知，近代以来一直都是非常注重的。当代青年在这方面的学习也不缺乏各种有效途径。这里，我们重点阐述第二方面，对外来文化尤其是强势文化对外传播和渗透方式、方法和动机的认知、了解和风险防范意识，这也是对一国文化安全产生影响的重要方面。

西方文化渗透无疑会降低对本民族的文化认同度和本民族的凝

聚力。在全球化的背景下，中国文化不可避免地要与其他文化发生碰撞和冲突。传统安全和非传统安全相互交织、相互影响、相互激荡、相互转化，国家文化安全问题变得更加错综复杂。安全问题不再像以前一样敌我分明，也不是非黑即白、非此即彼简单的是非判断，更没有完全适用的应对之道。文化安全逐渐出现了安全问题全球化、安全环境虚拟化、安全边界模糊化、安全要素透明化、安全博弈非对称化等特征。文化安全问题的复杂性远远超出了青年现有的知识结构、社会阅历和理解能力等范畴，我们要加强对青年这方面信息和知识的普及和教育，引导青年透过现象看本质，了解西方对外政策等背后的文化意图。

在青年的核心价值观教育中，一方面，要从正面引导，让青年认识到自己身上承担着未来文化传承实现的主体责任，要提高青年的责任意识和主观能动性。另一方面，从反面来看，也要重视加强青年对外来文化本身的认知以及对外来文化影响和渗透方式的考察和深刻理解，这是从文化安全角度切入，当代中国青年核心价值观教育不可或缺的三大重要内容之一。

在文化安全的诸多挑战中，如文化霸权主义的扩张、极端主义文化和各种不健康文化的腐蚀及民族分裂主义文化造成的文化分裂等，都存在于外来文化的影响和渗透。外来文化带来的认同危机不仅仅是对本民族文化认同的弱化，同时我们也难以真正融合到外来文化之中。"所谓认同危机就是学来学去，都是英美的东西，主要是美国的，可是你学完了，又不是美国人。"① 香港人把那种只会讲外语不会讲本国话，生活方式、思维方式完全西方化的黄种人叫

---

① 王萌. 全球化视角下的中国文化 [N]. 光明日报，2006-6-1 (01).

作"香蕉人"。文化渗透是无硝烟的战场，一旦成功，是根本性的摧毁，因为其摧毁和改变的是人心和意志。做好文化渗透防范工作的重要性可见一斑。具有强大文化凝聚力和文化传承的民族天然具有抵制其他外来文化渗透的能力，例如犹太民族，弱小的犹太民族经历了数次的大离散仍然重新聚集在一起，其背后起支撑作用的就是强大的犹太文化。从某种意义上来讲，文化决定了一个民族的精神气质，文化乃民族之根、立国之本，一点不为过。外来文化通过各种方式对目标国广大青年群体进行影响和渗透，有的方式显性尚可观察，有的方式则非常隐蔽，很难觉察到痕迹，而且也随着科学技术的进步不断变化，为此我们一定要加强青年群体对这些主要方式方法的认识。

（一）对外宣传是外来文化渗透的主渠道

西方文化渗透有无意识的文化影响，更多的是国家战略有意而为之的结果。其中一个重要方式就是通过对外宣传进行影响和渗透。美国总统艾森豪威尔（Dwight David Eisenhower）曾说过："在宣传上花 1 美元，等于在国防上花 5 美元。"[①]美国国务卿杜勒斯（John Foster Dulles）曾说："如果我们教会苏联的青年唱我们的歌曲，并随之舞蹈，那么，我们迟早会教会他们用我们所需要的方式来思考问题。"[②] 以"美国之音"为例，早在 20 世纪 60 年代，美国的总统就提出了要对社会主义国家进行"和平演变"，重要的方式就是通过"美国之音"。

---

① 吉勇夫. 建设有中国特色的社会主义学习问答［M］. 天津：天津人民出版社，1992：64.
② 廖耀良. 中国崛起的国际环境［M］，广州：广东人民出版社，2000：190.

广大的青年都非常熟悉美国之音。"美国之音"的受众主要是学生、青年和社会精英等,是他们学习语言和了解国外资讯、文化等的重要方式。然而,"美国之音"的出现从一开始就是带有目的的,它是带着"越过国境和海洋,越过铁幕和石墙,去同共产主义进行你死我活的竞争"的国家目的的。1962年,美国总统肯尼迪(John Fitzgerald Kennedy)在"美国之音"成立20周年纪念会上的演讲中是这样评价"美国之音"的,"美国之音"是政府的一只臂膀,因此也是国家的一只臂膀,并希望它今后继续以一种最有利于看待民主制度和美国的方式,把美国的情况向世界进行报道,报道美国的基本理念和价值观。

到了20世纪80年代,里根(Ronald Wilson Reagan)总统进一步提出了"美国将加倍努力促进国际民主实力的发展"的目标,因此,"美国之音"要加强。1987年12月,美国总统里根在美国之音建台纪念致贺时强调:"美国之音"是巨大的非军事力量,是在共产主义社会黑暗中点火的力量。在里根总统及其政策决策者们看来,"美国之音"发挥的是"破城槌"的作用,较之于肯尼迪总统对太空计划的重视,"美国之音"的现代化应该得到同等的重视。为了这个现代化,美国倾注财力和资源达13个亿,仅仅用于对"美国之音"设备的更新和加强上,并提出了"广播星球大战"计划。

此后,到了20世纪90年代,相关政策一直延续并没有中断。到了克林顿政府时期,提出了"对外广播计划",并且提出建立"自由亚洲电台",而这个电台的主要目的之一就是向中国人民提供一个所谓"独立的、不受控制的新闻来源"。1995年3月14日,美国新闻署署长约瑟夫·杜菲在美国国会众议院国际关系委员会的一个小组委员会上说，尽管 90 年代国际形势发生重要变化，但是，美国新闻署的核心目标没有发生变化，即"用外国文化所能够信赖和接受的语言解释和宣扬美国的诸政策"，它的使命是"了解、告知和影响外国公众，以增进美国的国家利益"①。而这些年来，"美国之音"却在美国国内听不到。因为 1948 年 1 月美国通过了《史密斯·蒙特法案》（又叫《美国信息与教育交流法案》）。该法案第 501 条规定，"美国之音"、自由亚洲电台等国有传媒不得对美国国内传播，禁令至今有效。1985 年，该法案做了第二次修订，对"美国之音"及其他美国政府制作的针对海外受众的宣传品在本土传播的限制收得更紧了，因为美国国会担心这些公众外交载体会伤及民众的知情权并受到假消息的"毒害"，对内对外区别对待。

美国之音是很多青年学习英语的首选听力材料，也是高中大学很多老师极力推荐的学习英语的工具。在不了解情况的前提下，在我们学习语言这一技能的过程中，潜移默化地会受到其内容所含有的价值判断甚至不真实信息来源的影响。在广大青年接触语言的学习过程中，容易忽略美国之音作为美国对外宣传的平台输出本国基本理念和价值观的功能。美国之音和其他英语学习、了解国外资讯的对外宣传平台，都成为一个国家为实现其国家政策和国家战略而精心打造的工具，如同一个精心设置的"套"和一张编织的"网"，我们的青年很容易被动地受其影响。在青年的价值观教育过程中，我们要向青年解释这种现象以及现在和未来可能出现的各种新的类似现象，并且分析其中深刻的背景和原因。知而不惑，只有真正了解，而不是一味地排斥和否定，才能提高青年的自我判断能

---

① 刘永涛. 冷战后美国对外文化战略透析［J］. 现代国际关系，2001（5）：14.

力和抵御能力。

（二）现代传媒技术是外来文化渗透的重要手段

现代传媒技术源于西方，西方国家在技术上具有一定的优势。各种高新技术的出现和快速发展，对人们的政治、经济、文化和生活等诸多领域都产生了重大的影响，快速发展的数字、网络和信息技术以及智能技术给人们的生活方式带来了前所未有的改变。各个国家在高科技技术领域的竞争也日益激烈。不论是发达国家还是发展中国家都投入了大量的人力、物力和财力，加大对信息传播领域的投入，不断引进新的技术和更新最新的设备。是否掌握先进的传播技术，以及在多大程度上熟练应用现代的传播技术和手段，关系着能否在国际传播领域占有一席之地，关系着本国国民接受信息的途径和方式，以及面对外来传播媒体被影响的深度和广度。根据相关资料显示，全世界的卫星电视不论是从数量还是单个的影响范围来看，占主导和核心地位的都是美国。美国的卫星电视在数量上占据了50%以上；在影响范围和影响程度上，以美国 CNN 新闻节目为例，已经具有了全球广泛而深远的影响力。因此美国在卫星电视上的优势是垄断性的。正是借助技术上的绝对优势，美国才能更加顺利地开展文化渗透战略。

不论是发达国家还是发展中国家，人们获得信息的方式以及接触媒体的手段都发生了根本性的变化。这主要归功于通信技术的快速发展，电视、网络等全民范围内的普及。人们可以通过越来越多元的渠道获取信息。针对这些情况的变化，西方发达国家都非常注重在传统方式上的战略调整，针对不同国家的传播环境不同，以及受众的不同，采取不同的传播技术和方式。比如，如果在相对落后和偏远的地区，电视网络还没有广泛普及，还不是大家接收信息的常用方式，这种情况就要加强短波为主的广播的渗透。在相对发达的地区，则采用广播、电视、互联网等手段相互配合同步进行。我们更容易看到的是在对抗中的军事包围，却经常容易忽略广播发射网的包围。通过精心布置的广播发射网的全方位覆盖和包围，目的是让整个中国大陆听到西方世界所宣扬的民主自由的声音。俄罗斯《环球回声》月刊一篇题为《无国界电视》的文章认为，卫星电视是强国争霸的工具。因为"卫星电视如同核武器一样，正在成为强国的标志，并将在争夺世界霸权的斗争中起决定性作用。"现在，许多国家都认识到了卫星电视的政治影响力。为了更有效地进行政治宣传，这些国家开始把原来用于对外短波无线电广播的拨款移到卫星电视上来。①

我们对现代传媒的文化渗透力要有深刻和清醒的认识。借助这些信息传媒技术，一个全方位、全覆盖的信息网络悄然形成，广播、电视和互联网三位一体，形成一股合力，全覆盖地传播其文化和价值理念，具有极强的穿透力和渗透力。在广播、卫星电视和网络面前，曾经遥远的国界变得模糊。

要对一个国家的国民尤其是青年的思想和信仰产生影响变得不再那么困难。青年思想活跃，乐于尝试和愿意接受新鲜事物，在现代技术传媒以及网络等方面，都是最乐意学习和体验的群体，也是最容易接收这些信息的群体。西方国家在广播电视和互联网这些传播手段上，具有技术上的优势，甚至很多标准都是西方国家制定的。如何化劣势为优势，扭转不利的局面？既要在主观上加强青年

---

① 夏林. 传媒全球化时代的国家安全［J］. 中国传媒报告，2003（1）：5.

在这方面内容的了解，增强其抵御渗透的主观辨别能力，同时也要在外在条件上提供支持。

（三）占领我国的文化市场进行文化渗透

外来文化对一国的文化进行渗透的另一个重要方式就是，通过占领文化市场进行文化产业相伴而生的文化渗透。最初，美国在制定和平演变战略时，把占领对方的市场包括文化市场作为首要战略，提出要影响一国主流意识形态，必须首先进入该国的主流文化市场，取得市场的主导权，左右其舆论导向。美国认为，巨大的中国文化消费市场不仅会给美国带来非常可观的经济利益，而且还能为美国带来巨大的政治影响力，便于其输出价值观和政治观念，是演变中国的绝佳战场。

一方面中国的文化产业具有巨大的市场空间，另一方面我们自己文化产品的市场占有率仍需不断提高。《中国文化产业发展报告（2021）》梳理了中国文化产业十大关键词，各大文化产业都有了一定的发展。例如，文化数字科技，是文化与数字科技的深入融合形成众多新的增长极，带动各行推进文化艺术生产消费与互联网、大数据、5G 等技术的全面融合，催生出多种新兴业态，其中短视频领域、电商直播领域、网络游戏领域增长迅速。迅速走红的时尚盲盒，反映出潮玩产业极大的市场规模。国产动漫、动画持续探索中国道路，讲好中国故事，在制作和市场端也有了新的突破，例如，《姜子牙》等国风动漫作品获得较好口碑。这些作品除了将技术与中国传统视觉元素结合外，更为重要的是以中国故事为内核，寻求传统文化和价值观的现代表达，做出"中国特色"原色的新尝试。总体来说，中国的文化产业具有巨大的市场空间，传统的行业不断数字化转型，各种新模式新业态不断涌现，但是诸如动漫等一些广大受众是青年的文化产品与外来文化产品相比，中国的市场占有份额仍需提高。

早在 2005 年《中国文化产业发展报告》中就可以看出中国文化市场的潜力之大和提高市场占有率的压力。"从总量上来看，2003 年我国文化及相关产业所创造的增加值 3577 亿元，占 GDP 的 3.1%。"这是一个非常小的比例。比如动漫，"我国每年对动漫需求约 22 万小时，但现在只能提供 1 万小时；中国人均动画拥有量仅为 0.0012 秒，而日本的人均拥有量是 300~480 秒；在我国青少年对动漫游戏及其衍生产品的消费额中，80% 都花在国外产品上，等等。"①

2009 年《中国文化产业发展报告》中的数据反映了同样的问题，中国文化与外国文化版权贸易的比例为 1：5，文化产品对外贸易严重赤字，本国文化产品的市场占有率低。我们对自己文化市场的占有率很低，如果不注意保护，我国的文化市场有被瓜分的危险。在自己家门口失去市场的主导权，尤其是针对青年的文化产品——动漫和游戏，我们的市场占有率仍然非常低。如何改变这种被动的局面，不仅关系着我国文化产业的长远发展，也关系着青年的文化和价值观取向在多大程度上可以保存我们自己的文化特色，而不是被这些外来的文化产品同化。

2002 年的《美国国家安全战略报告》中开宗明义地提出，在世界推行、保卫美国式的价值观和生活方式是国家安全战略的灵魂和核心。美国总统布什（George Walker Bush）亲自为这份报告撰

① 胡惠林，张晓明，章建刚. 2005 年：中国文化产业发展报告 [M]. 北京：社会科学文献出版社，2005：6，8.

写了一份序言，提道："20 世纪，自由主义和集权主义之间艰苦卓绝的斗争结束了。自由之力量取得了决定性的胜利……美国要利用这个历史机遇，在全世界扩大自由的福祉。我们要积极行动，把民主、发展自由市场和自由贸易的希望带给地球上的每一角落的人们。我们永远不要忘记我们的终极目标是为我们的民主价值观念和生活方式而战"。对其他国家的文化渗透一直以来都是西方国家长期坚持的国家战略之一。不论是通过对外宣传、现代传媒技术还是占领他国的文化市场，其目的都是为了宣传西方的价值理念，对其他国家进行无形的影响和渗透。

对中国主流意识形态价值理念的认同教育，有利于减少青年对主流意识形态价值理念的抵触，减少负面情绪。这种抵触和负面情绪是外来文化介入青年生活、行为方式和价值取向的温床。对中华优秀传统文化和价值理念的传承教育，有利于增强青年抵御外来文化影响和渗透的天然抵抗力。当一种文化自信和文化自觉由内而外散发的时候，对外来文化的盲目崇拜就会降低。对外来文化渗透方式了解的认知教育，是给青年的价值观教育提供更开放的氛围。随着国际交往和交流日益加深，文化安全的重要性也因此日益凸显。担心害怕外来文化对我们青年会产生不好的影响，就让他们不接触、不了解外来文化，是不现实的，同时也是不利于文化创新的，这从技术手段上也很难做到。互联网的出现、地理空间的缩小、国家交流的频繁，使得不接触是不可能也不现实的。我们可以从国家政策层面对他们的手段、功能和目的进行分析，并且对他们的渗透方式进行研究，把这些内容呈现在青年的面前，从而使青年具有正确的判断知识和判断能力。

第四章

青年核心价值观教育的路径规划

从文化安全的理论视角出发，对当代青年核心价值观教育的内容进行重新把握和重点分析。在这个基础上，对当代青年核心价值观教育的路径进行重新规划。目的是使当代青年核心价值观教育的内容和价值取向能够更好地为青年所了解接受和认同，同时实践于日常生活和国家现代化建设的事业当中。本章首先对青年核心价值教育的历史经验和现实困境进行分析，也是源自这些历史现实的困惑，我们从文化安全的角度对当代青年核心价值观教育进行重新研究。针对当代中国青年核心价值观教育的三大内容模块，提出相应的路径分析。

一、青年核心价值观教育的历史经验和现实困境

价值观反映了主体对主客体之间关系的看法。客体对主体的意义是价值的体现。价值观是主体对主客体之间价值关系的基本看法和总的观点，这里的主体既可以指代个体，也可以指代群体。① 核

---

① 李德顺. 价值论 [M]. 北京：中国人民大学出版社，2007：79.

心价值体系顾名思义是价值体系的核心和内核。作为一个具有丰富内涵的价值观体系，有处于外缘的，也有处于中心和内核位置的，处于中心地位的就是核心价值观。核心价值观是相对稳定和处于核心地位的，是居于主导地位的社会价值观念体系，具有高度的概括性。核心价值观在社会价值观念系统中居于统摄地位，是核心价值体系的凝练。

核心价值体系和核心价值观是决定文化性质和方向的最深层次的要素，是一个国家的重要稳定器。[①] 青年核心价值观即青年这一社会群体在自身发展过程中对各种事物、现象、自身的认识评价和决定取舍所依据的最基本的是非标准和行为准则。青年核心价值观并不是静态的、一成不变的，而是一个动态过程，在历史发展的不同时期，呈现出独有的特征和趋势。在对青年价值观取向的阶段考察基础上，总结出青年核心价值观教育的历史经验，并针对出现的新问题新取向，对青年的核心价值观教育进行多方位的引导。

（一）青年核心价值观教育的历史经验

1. 近代社会的青年价值观教育

近代青年面临的国情是帝国主义列强瓜分中国，他们渴望政治自由，追求政治价值，于是高高举起了反帝大旗，捍卫祖国的尊严。1903 年，在日本留学的青年陈天华（1875—1905）写了《猛回头》和《警世钟》两本通俗小册子，指出了国家危亡的形势，揭露了朝廷听从洋人号令的卖国行径，得出了反对帝国主义侵略必

---

① 韩震. 社会主义核心价值观第五讲 [M]. 北京：人民出版社，2012：12.

须反对清朝政府的结论。他号召全国人民"必须死死苦战,才能救得中国",并留下万言绝命书,激励人们誓死救国。青年革命家邹容(1885—1905),18 岁时就高唱民主的赞歌,在其代表作《革命军》中,主张用革命来推翻清朝的统治,求得中国在世界上的独立地位。近代社会青年价值观教育更多的是在救亡图存的现实压力下,被迫产生了对政治自由和民族独立的觉醒。

2. 现代社会的青年价值观教育

1911 年辛亥革命以后,清朝的统治被推翻,国内思想界处于混乱的状态,一大批进步青年起来反对封建主义及其伦理道德,提倡科学和民主,掀起了打倒孔家店的热潮。这一时期的青年价值观教育提倡西方的"德先生"(民主)和"赛先生"(科学),否定封建传统,例如,《新青年》的作者们,提出个人主义是他们的新道德、新信仰的核心。从辛亥革命到五四文化运动,这一特定的历史时期,西方价值观强烈地冲击着我国的文化传统。

五四运动提出了响亮的口号:提倡科学精神,反对封建蒙昧主义,提倡民主,张扬个性,反对封建专制主义。以陈独秀、李大钊、鲁迅为代表的新文化运动的主力军,推动了新文化运动的发展。陈独秀公开提出了要"德先生"(民主)和"赛先生"(科学),提倡"法律面前,人人平等",强调"个人自由之权利",谋求"个性之发展",宣扬"个人主义之精神"等。在五四运动中,接受马克思主义的青年起着独特的作用。他们树立起"科学"和"民主"的旗帜,反对旧道德,提倡新道德。在整个运动中,新文化运动逐渐发展成了马克思主义运动。许多先进的青年知识分子,包括李大钊、毛泽东、蔡和森、周恩来、李达、瞿秋白等一大批青年，接受了马克思主义，形成了无产阶级价值观。新阶段最具代表性的是毛泽东。他在湖南第一师范大学期间就确定了要"为人之学""为国人之学""为世界人之学"的学习志向和价值观。他立志寻求真理，强调真理的价值，若"十年未得真理，即十年无志；终生未得真理，终生无志"。毛泽东探寻"宇宙之真理"是为了改造旧中国，即对中国社会"必须再造"。他说："吾人甚盼其毁，盖毁旧宇宙而得新宇宙！"要"改造人心风俗。"① 到 1920 年夏天，在理论上，而且在某种程度的行动上，毛泽东成为一个马克思主义者，真正确立了马克思主义世界观、人生观和价值观。总的来说，这一时期，因为深刻的历史原因，中国的传统文化和传统精神受到了最根本的批判。在这种批判中，青年的价值观取向希望能够彻底摆脱传统，学习西方，寻求改变。这一时期的青年价值观教育体现了浓郁的反传统精神和向西方学习的特性。

3. 新中国成立初期的青年价值观教育

1949 年 10 月 1 日，宣告了新中国的诞生，一个崭新的国家屹立在世界的东方，推翻了三座大山的统治，开辟了我国历史的新纪元。随着公有制经济基础和高度集中的计划经济体制的建立，人们的价值理念和道德观发生了巨大的变化，集体主义的价值观代替了个人主义价值观。这是价值观发展史上的伟大革命，新型价值观逐渐得以确立。在抗美援朝的背景下，这一时期，在意识形态领域，积极开展了爱国主义教育，批判崇美、恐美等思想。团中央协同有关部门在全国 135 个大城市开展了"培养青年共产主义道德，抵制

---

① 仓道来，徐闻. 中西方青年价值观的冲撞与交融 [M]. 石家庄：河北人民出版社，2001：66.

资产阶级思想侵蚀"的宣传和教育活动。到了 20 世纪 60 年代,毛泽东发出了"向雷锋同志学习"的伟大号召,在全国和广大的青年当中发起了向雷锋同志学习的活动。全国掀起了向雷锋同志学习的巨大热潮,青少年们积极投入学雷锋、做好事的洪流中,形成了整个社会积极向上的精神面貌。在这一时期,集体本位成了社会的主流价值取向,青年把国家利益、集体利益和社会整体利益放在首位。在职业价值取向上,人们首先考虑的是国家需要,个人的选择服从国家、集体的需要。在政治价值上热爱祖国、热爱社会主义已成为普遍的行为准则。在物质价值和精神价值上,更看重精神价值,一次表扬胜过获得重金。拾金不昧,蔚然成风。拾金不昧已然成为一种普遍的新价值观念。

(二) 当代中国青年核心价值观教育的现实困境

当代中国青年核心价值观仍处在转型和过渡时期,容易充满各种矛盾、冲突,观念和行为的不一致性。这种可能的矛盾、冲突和不稳定的状态,也是青年核心价值观容易受到外来文化因素介入和影响的重要因素,对当代中国青年核心价值观教育提出了新的挑战。

1. 新时期对青年核心价值观教育的重视

习近平总书记非常重视青年和大学生的核心价值观建设,对青年和大学生所应该承担的历史责任、青年和大学生自身的成长特点以及价值观形成的内在发展逻辑都有重要的论述,这些论述构成了习近平总书记关于青年和大学生核心价值观教育的重要思想,对于青年核心价值观教育具有重要的指导意义。

（1）从青年传承的历史责任来看，青年对中国未来的发展至关重要。

习近平总书记在十九大报告中指出："中国梦是历史的、现实的，也是未来的；是我们这一代的，更是青年一代的。"青年一代是中国梦的继承者、传承者和创造者。2022 年 4 月 21 日，关于新时代中国青年的白皮书首次发表，《新时代的中国青年》白皮书指出："新时代中国青年刚健自信、胸怀天下、担当有为，衷心拥护党的领导，奋力走在时代前列，展现出前所未有的昂扬风貌：追求远大理想，心中铭刻着对马克思主义的崇高信仰、对共产主义和中国特色社会主义的坚定信念；深植家国情怀，与国家同呼吸、与人民共命运，时刻彰显着鲜明的爱国主义精神气质；传承奋斗担当，先天下之忧而忧、后天下之乐而乐，勇做走在时代前列的奋进者、开拓者、奉献者"。"青年一代有理想、有本领、有担当，国家就有前途，民族就有希望。中国的未来属于青年，世界的未来也属于青年。"① 青年是中国未来发展的希望。

青年的价值取向决定了未来整个社会的价值取向，而青年又处在价值观形成和确立的时期，抓好这一时期的价值观养成十分重要。因为青年正处在价值观的形成和确立时期，这一时期也是最容易被影响甚至被误导的时期。不仅如此，这一时期青年的价值观取向关系着青年对于本国本民族身份的认同尤其是对于本民族文化的认同，这是中国青年与其他国家青年核心和根本的区别。作为未来中国文化传承的主体，他们在维护国家文化安全和传承中华优秀传统文化上起着至关重要的作用。

---

① 国务院新闻办公室. 新时代的中国青年白皮书 [J]. 中国青年，2022（8）：70-80.

（2）从青年自身的成长特点来看，青年阶段是人生的"拔节孕穗期"。

2019 年 3 月 18 日，习近平总书记主持召开学校思想政治理论课教师座谈会上指出，我们办中国特色社会主义教育，就是要理直气壮开好思政课，用习近平新时代中国特色社会主义思想铸魂育人，引导学生增强中国特色社会主义道路自信、理论自信、制度自信、文化自信，厚植爱国主义情怀，把爱国情、强国志、报国行自觉融入坚持和发展中国特色社会主义事业、建设社会主义现代强国、实现中华民族伟大复兴的奋斗之中。青少年是祖国的未来、民族的希望。青少年阶段是人生的"拔节孕穗期"，最需要精心引导和栽培。

（3）从价值观内在的发展逻辑来看，价值观的养成重在青年时期。

习近平总书记指出青年的价值取向决定了未来整个社会的价值取向，这就像穿衣服扣扣子一样，如果第一粒扣子扣错了，剩余的扣子都会扣错。人生的扣子从一开始就要扣好。青年期是人生价值观形成历程中的关键时期，这个时期青年主体意识逐渐增强，世界观和人生观初步形成，但是思想波动较大，矛盾性异常明显。

青年时期是价值观形成的关键时期，青年的核心价值观取向决定了未来整个社会的价值观取向，对我国的意识形态安全、文化传承安全等文化安全无疑起着至关重要的作用。青年处于人生观、世界观、价值观形成和确立的关键时期，这一时期既有非常强的可塑性，也是最容易被影响被渗透甚至被误导的时期。一方面他们思想不成熟，缺乏相关的知识和社会经验，容易被外来文化和价值观影响，喜欢盲目模仿和崇拜。另一方面，随着经济全球化和信息技术革命的深刻影响，外来文化的强势介入、影响和渗透一直存在，而且越来越复杂。然而，青年的价值观取向关系着对主流意识形态价值理念的认同，关系着青年对本国本民族身份的认同尤其是对本民族文化的认同，这是中国青年与其他国家青年本质和核心的区别。作为未来中国文化传承的主体，中国青年在中华优秀传统文化的传承和文化安全的实现上起着至关重要的作用。当代中国青年和大学生正处于价值观和文化认同形成的重要和关键时期，他们也处于最容易被外来文化影响的时期。不论是从提高青年自己的判断能力方面，还是从优化家庭和社会环境，朝向有利于青年树立合理的价值观体系方面，都需要学校、家庭、社会、政府等多方力量的协同和配合。这既是青少年自身发展特点决定的，也是国家文化安全实现的内在要求。

2. 当代青年核心价值观体系的矛盾和冲突

（1）个人主义盛行，对集体的接纳程度不高

在日常生活、社会或人生领域，当代中国青年价值评价的尺度或标准有偏向"个人的"倾向，这构成了当代青年价值观取向最主要，也是最引人注目的演变之一。在对社会现实中的道德理解上，尤其是在对人生意义、个人与他人关系的评价过程中，"个人的"偏向相当显著，而且还在逐渐地增强。与此同时，"集体的"价值或意义，在观念上并没有被青年们所彻底排斥；他们对"集体的"接纳不是无条件的，而是随着对"个人的"价值评价变化而变化的。

（2）告别过去，对既有价值观念怀疑

随着中国改革开放的不断深入和发展，党和政府的工作重心也

逐渐转移，着力发展经济。工作重心的转变也带来了价值观和理念的转变和转型。过去所主张的价值理念遭到了否定、反思和挑战，对雷锋精神的讨论、对榜样力量的消解和对"大公无私"等观念的再认识，是青年价值观变革的一个明显征兆。通过对雷锋精神的反思和怀疑，青年在榜样的模仿和追求上更加现实和实事求是，而不是盲目脱离现实。青年开始关注身边的榜样，能在自己身上找到认同感和具有实践性的榜样。因此在价值观教育过程中，进行相应的改革，树立榜样的同时，还要根植于现实生活，使榜样具有亲近性和亲和力。

（3）信仰塑造，价值观世俗化

伴随着榜样力量的消解，随之而来的是"躲避崇高"——价值观的世俗化。这种价值观的世俗化来自两方面的影响：一是由于上面讲到的榜样力量的消解和英雄主义价值观的式微。二是由于我国的经济转型和改革，重心放在经济建设上以后，生产力和生产效率都有所提高。商品经济的发展，使人们的生活水平有了巨大的改善，物质生活水平得到了极大的提高。在这种情况下，对物质享受的价值取向逐渐催生，个别人产生了极端的拜金主义价值取向。最原始的拜金主义和物质至上、个人利己的倾向、重实利的思想开始露头。青年由于受社会政治、经济、文化、教育等的影响，出现了价值观的困惑、失落、震荡和迷茫，表现出了对人生、社会、道德、精神、信仰等价值观问题的怀疑、消解、否定和拒斥。

3. 当代中国青年核心价值观教育的新现象

（1）重视全球化理念，忽视本土化

在青年核心价值观教育过程中越来越重视全球化的影响，注重培养学生的全球价值观念，培养学生的全球伦理观念，培养学生的世界公民意识等。如果过度重视全球化理念，而忽略本土化，对"我是谁"的认知则越来越模糊。全球化是否真的是一种"无我"的境界？至少现在的全球化趋势还看不到"无我"，而更多的是"西方"的我，是"西方"的我和"本土"的我或"东方"的我的博弈。

（2）网络社交空间对青年价值观的影响加重

网络社交空间和自媒体的出现，使青年有大量的信息获得来源，与此同时，青年自己也是一个独立的信息传播源。在大量信息面前，青年往往容易缺乏自己的判断力而选择从众心理，容易被网络社交媒体空间所提供的思维方式、生活方式和价值理念所左右而受影响。学者研究指出，因特网造就了一种新的生活方式，人们可以称它为电子游牧生活，同时也是一种电子殖民主义。"因特网的力量最终表现在它让整个世界像北美人一样去思考、去写。"① "国际互联网提供的高效率信息服务，在目前乃至今后一段时间内，将求助于英美等西方发达国家的数据库。而这种求助服务势必导致西方的价值观念、生活方式，以及思想文化的大量渗透，由此，对道德标准和价值观念的歧变产生重大影响。"② 在网络潜移默化的长期影响下，我们的青年不知不觉去说、去思考、去写都可能具有了其他文化的深刻影响和痕迹，各种网络社交空间对青年价值观的影响比重加大。

---

①·王列，杨雪冬. 全球化与世界 ［M］. 北京：中央编译出版社，1998：11-12.

② 李娟芬，茹宁."虚拟社会"伦理初探 ［J］. 求是学刊，2000（2）：32.

（3）重视外来语言学习和国外教材

一些学校和学习机构对外来语言学习和国外教材的重视，是一种重要的社会现象，其影响的群体出现了年龄越来越前移的趋势。一些学习机构都是以国外教材和国外教学体系为自己的教学特色和教学优势，虽然招生价格极其昂贵，但是很多家长仍愿意为此买单。全国政协委员、民进中央副主席、宁夏回族自治区委会主委、宁夏回族自治区人大常委会副主任姚爱兴表示，民进党在某省的一项调查显示，在幼儿园，外国绘本占比 70.03%；在小学，外国绘本占比 88.45%。从幼儿园开始已经出现外国绘本及其承载的文化价值渗透现象。对于青年一代我们应该更加注重在启蒙阶段让他们接受民族精神启迪和本民族文化滋养，这是养育中华民族的"精神沃土"，避免对外国价值观、文化、礼仪和习俗等出现趋之若鹜的现象。随着政府和社会的重视，越来越注重汉语和传统文化的学习，这一现象已经得到很大的改善。

（三）青年核心价值观容易出现偏差的原因

青年的价值观体系充满矛盾和冲突。青年即使在对社会主导观念认同的情况下，也会缺乏维系这一价值准则的内在动力，所以在行为取向层面，常常反其道而行之。这种矛盾是过渡期青年核心价值观体系的重要特征。处在探索中的当代青年在没有明确的、稳定的价值核心的时候，寻求与社会主导观念的认同，并不是不可以。问题是，有什么样的社会因素（文化的、制度的）来保证这种认同得以维系下去。当代青年核心价值观容易出现偏差既有深刻的内部原因，也有外部原因的影响和冲击，同时也有技术手段带来的新媒体空间的影响。

1. 我国处于转型期

从内部因素来看，我国处于社会转型时期是一个重要的原因。转型顾名思义是由一种状态转向另外一种状态的过渡时期，原来的状态和格局被完全打破，而新的状态和格局尚处于形成过程中。改革开放和经济的快速发展，满足了人们物质生活的需求，同时也让这种物质至上的观念和理念慢慢形成并被认同和接受。改革开放和以经济发展为中心给物质的发展赋予了正当合理性。随着经济条件和物质的发展，相应的精神需求也要同步跟上。从根本上来说，是人民日益提高的生活条件和精神需求之间的差距和矛盾，是物质和精神发展的一种失衡。这种失衡无疑会给社会的发展带来一系列的问题，例如，人们在精神上的空虚、焦虑、迷惘对思想、认识和信仰产生的变化和影响。

社会转型时期，旧的环境被打破，新的环境并没有完全建立起来。但是社会的需求是刚性的，每个人都无法抗拒这种转变，甚至是痛苦的。如果信仰未确立，人们在精神上无所依托，快速的发展便会给人们的生活带来紧张、悲观和失望等负面的情绪。如果这些情绪因为信仰和价值观的缺失无法通过内在的精神信仰去化解，则可能向外寻求信仰。以基督教的发展为例，近 10 年来，基督教在中国发展异常迅猛。1997 年国务院新闻办公室发布的《中国的宗教信仰自由》表明中国已有 1000 万名基督徒，2005 年中央人民政府门户网站有关"基督教"的介绍显示，当时"我国信仰基督教的人数达 1600 万"，2018 年发布的宗教白皮书《中国保障宗教信仰自由的政策和实践》则认为我国已有 3800 万基督教徒，而这个数字还在不断增长。这数字从一个侧面也说明基督教会正在中国不断扩大其影响力，具有很强的吸纳能力和渗透性。

2. 西方文化对青年思想的冲击

从外部因素来看，西方文化通过多种方式对青年的思想造成影响和冲击。青年往往对这种思想文化上的影响和渗透缺乏主观认识。随着改革的深入和经济交往的加深，随之而来的各种矛盾也凸显出来。各种文化的并存，使青年在选择上陷入矛盾、冲突和混乱。开放的格局越大，开放的时间越长，外来思想对中国的影响就越广泛越深刻。世界范围内的各种外来文化相互交织，相互竞争。通过思想上的影响和文化上的渗透来达到影响和控制一个国家的目的，并从中获利，是霸权主义最新的表现形式。甚至从整个社会环境来看，由于缺少警惕性和鉴别力，国外媒体炒什么，我们有的媒体就跟着炒什么，一些夹杂着美国利益的观点通过我们的媒体在影响着我们的舆论，有时候被国外媒体当枪使了，自己却还沉浸在与国际接轨的"喜悦"中。① 文化较量从根本上是人心的较量。在各种思想文化的相互碰撞、相互竞争、相互渗透的情况下，面对各种冲突和混乱，青年很难不被影响，很容易失去警惕。

3. 新媒体对青年价值观的影响

从技术手段来看，新媒体的出现对青年价值观也产生了巨大的冲击。社会的发展带来了诸多变化，其中之一就是新媒体形式的出现。各种自媒体相继出现，并快速更新换代着。从 QQ，到人人网、开心网，到微博，再到微信朋友圈、微信公众号、小红书以及抖音等，网络不仅在全球范围内越来越普及，在深度上也越来越多样化，形式也越来越新颖。青年有越来越多、越来越快速和便捷的方

---

① 丁刚. 中国媒体在替谁说话 [N]. 环球日报，2004-6-11 (18).

式接触到各种信息和外来文化。

互联网深刻塑造了青年。2020年年底，中国6岁至18岁未成年网民达1.8亿，未成年人互联网普及率达94.9%，城乡普及率差距从2018年的5.4个百分点缩小至0.3个百分点，互联网已经成为当代青少年不可或缺的生活方式、成长空间、"第六感官"①。这种接触和影响无孔不入，正改变着青年的生活习惯和思维习惯。青年一天的生活几乎可以全部在网络上完成，聊天、购物、发布自己的状态、了解朋友的状态，甚至是工作，利用网络平台创收，衣食住行都依赖于网络空间。网络上除了有积极正面的内容外，也有负面的以及外来文化的各种痕迹，这对青年的价值判断提出了更高的要求。青年自身的心理还不成熟，容易盲目跟随，对于各种诱惑的抵制力也有待提高。网上大量的信息，夹杂着各种价值判断，形形色色各种现象，对青年的思想造成了巨大的冲击和矛盾。与此同时，网络也对人与人之间的相互关系造成了巨大的冲击。人们所有的关系都可以在网上完成，最早的QQ交友聊天，后来的人人网、微博，以及现在的微信、抖音、小红书等，都有强大的社交功能。而且所有与生活、学习相关的都可以通过网络的形式来完成，例如，一些网络教学平台，通过线上的网络教学模式，使每个人都置身于高度的信息化和网络化之中，都在这个"虚拟的社会"中过着真实的生活，所有的一切都交给了网络，而人和人之间的真实交流和接触却在逐渐减少。人和人之间缺乏真实的情感交流，即使是大家聚在一起吃饭聊天，每个人都在低头刷手机的现象也很普遍。尤其是智能手机的出现，通过一个小小的移动终端，所有的关系都变成了

---

① 国务院新闻办公室. 新时代的中国青年白皮书 [J]. 中国青年，2022 (8)：70-80.

"人机"关系，更有甚者，两个面对面坐着的人却在用手机进行交流。在虚拟的"人机"关系中，青年花过多的时间在网络虚拟空间，容易造成精神上的空虚，对形形色色的信息失去现实和有效的判断能力。

网络是一种"低介入参与模式"，网络中存在着大量的广告和信息，或自吹自擂或空洞无物，人们对它并不介意，内心也就不设防。然而，经过日积月累，久而久之这些内容就会慢慢浸透到人们脑海里，形成所谓的"参考框架"，进而引起人们价值观和认知结构的变化。新媒体的出现，提醒我们尤其要对青年核心价值观进行教育和引导，使青年能够科学合理地运用新媒体。

4. 青年价值观教育的必要性

价值观可教育吗？从历史的考察、文化安全的角度出发，我们不难发现，青年核心价值观出现了各种矛盾和现实困境。青年价值观在不稳定和过渡时期也最容易受到外来文化的影响。而社会环境的变化，一些新现象的出现，使青年价值观出现了很多不利于我国文化安全维护和稳定的因素。在青年自发形成的价值观可能出现偏差的情况下，我们如何及时纠正和调整，首先牵涉到的就是价值观的教育问题。如果价值观只能自发形成，不存在可教育问题，这就是一个伪命题了。所以，在我们讨论青年核心价值观教育问题的时候，价值观是否可教育这是一个无法回避的前提性问题。对于这个问题，不同的人会有不同的看法和见解。本书的出发点是，价值主要涉及的是主体与客体之前的相互关系，不同的主体对同一个客体的价值和意义是存在差异的。主体对客体的看法是相对主观的判断，同一个主体在不同的时间和地点可能也会产生不同的需求和看法。这就是说，价值更多的是一种主观的感受、判断和体验，是对客体能否满足主体需求的一种判断。价值是主体自身的体验，因此具有主观能动性。这种判断体系一旦形成，就会带有主体自身的见解甚至是偏见。因此要对人们的价值观念、对事物看法的判断和价值体系进行培养，这个是可以做到的。也就是说以什么样的标准、观点来看待事物是有一定依据的，人们是可以达成共识的。所以，价值观教育主要是对青年看待、衡量事物好与坏的评价标准尺度进行培养和引导，以形成正面积极的价值理念以及有利于中国文化安全的价值标准。从这个意义上说，价值观是可以教育、培养和引导的。从某种意义上说，也正是因为这一点，教育尤其是培养人们的思想、道德、价值、精神、信仰等方面的教育才有存在的必要和价值，价值观教育才是有意义的。

　　探索中的当代青年在没有明确的、稳定的个人价值核心的时候，会寻求与社会主导观念的认同。而维系认同需要一定的社会因素和外部环境的保障。这些保障因素是否健全、是否能有效地发挥作用至关重要。青年对社会主导观念的偏离乃至冲突的现象并没有完全消失，在某种程度上还可能愈演愈烈。青年的价值观念及其趋向在多大程度上作为一种体系有机融合到社会主导观念之中，或者说社会主导观念在多大程度上接纳青年的价值观念体系作为自己的有机组成部分是青年核心价值观教育的重要问题。我们需要对青年的核心价值观进行教育和引导，使其融入社会主导的价值之中，不受外来文化的影响而偏离，使其具备稳固的、共同的价值观、政治信仰与秩序意识。注重培养青年一代对主流意识形态的认同，同时传承我国优秀传统文化的基因，有社会共同的价值观念和坚强的政治信念。

二、认同教育路径——注重社会影响力

对主流社会意识形态价值观教育，注重榜样的力量和先进人物的影响，注重社会影响力的介入。主流意识形态反映的是占统治地位的统治阶级的意识形态，具有高度的融合能力和广泛的认同基础，也是政治统治合法性的重要基础。目前，我国主流社会意识形态价值体系主要是社会主义核心价值体系。任何一个执政党都会注重对主流意识形态价值体系的宣传和引导，官方声音很强势是主流意识形态价值观的天生优势。然而，如果官方声音太强，青年在接受上，可能产生一定的抵触情绪。所以，我们在对主流社会意识形态进行宣传的方式方法上，根据不同的人群应有所调整。对青年而言，可以加强社会影响力，通过社会的平台、社会公众人物、知识精英、网络自媒体等渠道，潜移默化地加强青年对主流社会意识形态价值观的认同。

主流意识形态价值观教育对青年起到正面积极的引导作用，是青年正确的世界观、人生观和价值观的稳定器。在多种社会思潮，多元文化和多元价值观的影响下，社会主义核心价值观教育使青年核心价值观不至于偏离社会主义意识形态和马克思主义方向，不至于偏离我国根本的政治制度这一大的方向。广大青年可以接触和了解资本主义制度和其他一切可能的社会制度形态，但不能盲目追随和崇拜。盲目追随和崇拜其他社会政治制度，不利于把青年培养成为社会主义事业的接班人，不利于我国政权的稳定和社会主义事业的长远发展。

　　西方的文化和政治社会制度等固然有其优秀的地方，但是任何东西都不是表面这么简单，任何经验也不是刻意简单地照抄照搬就可以解决问题的。我们在摸索中形成的解决中国问题的经验方法和方案，并不一定就比西方的落后。要让广大青年更全面地了解中国，就像在国际舞台上，我们要用对方听得懂的方式讲述中国故事一样，我们也要以青年更易接受的方式讲好中国的过去、现在和未来。这就需要我们的教育者们和知识精英们更具有历史的纵深感、传统的关怀，向青年传达一种深切的家国情怀。

　　因此，青年核心价值观对主流社会意识形态的认同教育要注重发挥社会影响力。对主流社会意识形态的认同，要更多地注重社会影响力。家庭是一个比较亲和、相对放松的环境，可以作为进行主流意识形态价值观教育的补充路径。此外，政府是一个相对严肃、官方和正式的平台，对主流意识形态价值观的教育和灌输可以做到内紧外松，防止青年从一开始就在观念上造成抵触情绪。相对来说，利用社会资源、媒体网络和社会精英等对青年进行价值观教育的社会力量可以作为家庭和政府力量的补充。榜样和社会精英既能起到引领的作用，又不会有权威强行灌输的感觉。而媒体和网络更是青少年最常接触到的广大信息来源，通过媒体和网络的各种载体，适时传播主流的社会意识形态，使其成为青年的一种思维习惯。

　　（一）榜样的力量

　　中国经历了重要的社会转型和社会改革时期，原有的计划经济和价值理念逐渐被打破和改变，工作重心逐渐转向经济建设，市场经济和商品经济不断成熟和发展。在这个特定的历史时期，对过去所形成和倡导的价值观的其中一个挑战就是，对雷锋的拒斥、对榜样力量的消解和对"大公无私"等观念的再认识①。这是青少年价值变革和过渡期出现的重要现象。

榜样的作用曾经在青年价值观教育过程中发挥了十分重大的影响力。公众人物的影响、榜样的光辉形象给青少年强大的震撼和模仿的力量。然而这种力量在特定的历史时期被消解或渐渐被青少年所否定。但是我们要看到这种否定的本质，并不是对榜样力量本身的否定。对青年而言，他们经历了对榜样的肯定，否定，现在应该是否定之否定的阶段。青年否定的并不是榜样本身的力量，而是否定一种不切实际的榜样力量。他们否定的也不是"雷锋"本身，而是在特定时期被过分夸大的人性光辉。他们仍然需要身边的榜样力量，给他们树立楷模，引导他们前进的方向。

计划经济条件下的理想、榜样是高尚完美的，富有魅力的，是充满诗意的，也是令人神往的。但不能用过高的道德标准来要求所有人，这是不切实际的。在市场经济的背景下，这种"高尚的道德观"和"神圣价值观"逐渐失去了它的光环和效应，也容易遭到青年的反对和拒斥。通过对雷锋精神的反思和怀疑，说明青少年在榜样的追求上，更加现实化，更加实事求是。他们已经不再盲目地追求"高、大、全"和脱离实际生活的榜样了。给青年树立榜样，要根植于现实生活，一定要使榜样具有亲近性和亲和力。

在信息高度发达的今天，青年能接触到的信息源越来越多，对公众人物和先进人物的了解并不只有单一的渠道。新时期，价值观教育要善于发现和塑造榜样的力量，这个榜样是现实的，是从圣坛

① 刘济良. 青少年价值观教育研究 [M]. 广州：广东教育出版社，2003：31.

上请下来的，是一个现实的人和一个真实的感动故事，更加现实化和实事求是，而不是夸大的神话。"一个只有 22 年短暂生命的普通共产党员，能够赢得亿万人民如此崇高和长久的敬意；一个普通的战士所表现的高贵品质，能够激励几代人的健康成长；一个群众性的活动，能够在几十年历史进程中延续不断，影响我们时代的社会风尚，本身就证明，雷锋精神对于我们整个民族和社会具有不可替代的意义，已经成为社会主义核心价值的重要象征。"① 这是对"雷锋精神"的精辟总结，"雷锋精神"并没有过时，互助的精神还需要人们去践行。我们要树立更多的具有现实化的、亲和的、新时期身边的"雷锋"和社会榜样力量，涌现出的典型人物和英雄事迹是新时代中国特色社会主义核心价值观教育最生动、最鲜活、最感人的教材，充分发挥这些典型事迹和先进人物的模范效应和引领作用，有利于青年对社会主义核心价值观的内化和效仿。

这些现实化的社会榜样力量，有革命领袖、英雄模范人物也有身边的普通人。革命领袖和英雄模范人物往往具有崇高的道德人格和高大的形象，他们是青年最崇拜的榜样。对他们的宣传学习可以让青年阅读相关的人物传记等，但更多的我们要让青年看到他们的革命实践、英雄事迹和平凡生活相结合的一面。通过带领青年参观他们的故居，了解他们的生平和出生，让青年对曾经光辉的英雄形象有了具象的了解，这样的榜样的力量才更真实、更持久。这些榜样力量也包括了青年身边的老师、同学和其他人。树立身边的榜样，对青年的学习和模仿也是最直接的。与此同时，网络的发展，

----

① 任仲平. 向我们时代的行动者致敬：写在"深入开展学雷锋活动"之际 [N]. 人民日报，2012-02-28（06）.

很多"流量人物"也是青年的榜样力量。如何让这些"流量人物"发挥正能量和正作用也至关重要。如何营造这样一种良好的社会氛围需要国家在战略和战术上运筹帷幄。

(二)知识精英

知识精英也是榜样力量的一种形式。知识精英可以在更大程度上发挥榜样的作用，尤其是作为公众人物的知识精英，他们主张的观点和言行都会对青年产生积极或消极的影响。他们可以发挥言传身教的影响力，用自身行动教育当代中国青年。知识精英同时也是当代中国青年核心价值观学术建构的主体，为青年的核心价值观的引导提供积极的智力支持。从某种意义上来说，正是政界、学术界等知识精英不断对青年的核心价值观进行归纳、总结、提炼和升华，才有"核心价值观"的不断更新的表述和丰富内涵。

核心价值观是"由知识精英界定的，这些精英自上而下地界定本民族文明的各层核心价值观，最终形成一个社会主流价值体系。"① 知识精英既不同于普通大众，同时又和普通大众有着密切的关联，能对普通大众的思想、行为习惯和生活方式等产生积极的影响。知识精英能和普通大众有很好的互动和交流，并且被不断地模仿和超越。此外，核心价值观体系需要不断反映青年所关心的问题的变化，同时其表述又要有利于传播，简单有力，便于传承和记忆，因此核心价值观体系及其表述本身也是在不断发展和变化的，是一个动态的过程。知识精英在对核心价值观体系的感知和表述上可以发挥重要的作用。通过知识精英著书立说或者产出各种文字作

---

① 王伟光. 中国社会价值观变迁 30 年 [M]. 北京：中国社会科学出版社，2008：71-74.

品，同时也用自身行动教育人，发挥其正面的社会影响力。

在网络化时代，知识精英也走出了象牙塔。知识精英在大众传媒中表达意见，参与公共话题的讨论，都可以增加其社会影响力。中国传统古代士人具有泽被苍生、家国天下的理想和情怀，"以天下为己任""我以我血荐轩辕"是知识分子心灵深处的精神追求。①还有一种知识精英团队，他们是高学历的志愿者服务团队，散布于各大高校的研究生、高校教师等支教团队中。"他们用实际行动阐述着青年大学生党员志愿者的新型服务精神，真正让基层成了培育广大青年核心价值观的摇篮。"② 广大青年大学生党员群体本身就是知识精英团队，他们用实际行动践行着其信仰的核心价值理念。

知识分子和知识精英一方面依托学术逻辑和专业知识，往往成为舆论的意见领袖，而且具有相对中立的社会地位，提出的意见不仅具有批判精神和学理知识，同时也能疏导舆论，引发青年的思考。另一方面，知识精英通过学术研究和交流，对当代青年核心价值观系统化的思考和深入的研究，为青年核心价值观的教育和引导提供了积极的智力支持。

（三）网络自媒体

一种媒介形成一种生活方式的首要条件，是该媒介的普及以及媒介接受行为的日常化；而一种媒介文化的形成是该类型的媒介在多大程度上渗入了人们的生活，影响了人们的行为和心理。③ 1993年，全美网络成立，互联网第一次向公众开放。进入新世纪后，网

① 陈嫒嫒. 知识精英的网络化生存与公共表达 [J]. 传媒观察，2016（9）：35-37.
② 左向蕾，文静. 身边榜样：广西大学优秀学子成长记 [M]. 长春：东北师范大学出版社，2018：74.
③ 孟建，祁林. 网络文化论纲 [M]. 北京：新华出版社，2002：14.

站总数迅速增加。中国互联网络信息中心历次调查报告数据表明，青少年上网比例在不断增加。青少年使用手机上网的比例也在逐渐升高。与其他网民相比，手机上网更多地吸引着 10—19 岁的青少年群体，因为这一年龄段多是中学生，很多中学生都拥有手机（尤其是县城市高中生，几乎人人都有），而他们在学校和家庭中很少有上网的机会，老师和家长又阻止他们去网吧，因此手机上网就成为他们最好的选择。

从网民使用网络的目的来看，可以划分为信息获取类、交流沟通类、网络娱乐类、商务交易类四种。中国互联网中心的调查表明，整体来看，目前中国网民在网络娱乐、信息获取和交流沟通上使用比例较高。学者对江西四个城市中学生使用网络情况的调查表明，从上网的目的来看，中学生喜爱的网站主要有三种：一是游戏类，二是交友聊天类，三是大众文化类（通俗文化类），其他网站的受欢迎率不足 10%。从偏好上来看，玩游戏喜爱比例占 66.58%，交友聊天喜爱比例占 58.74%，大众文化喜爱比例占 36.42%，新闻时事喜爱比例占 9.56%。必须指出的是，中学生为了学习而上网的比例比较低，只有 6.22%，绝大多数中学生上网都是寻求生活调节和交友，满足精神需求。[①] 上网已经成为人们的生活习惯。人们习惯从网上搜索新闻，网上听音乐、看电影，在网络上和朋友交流、聊天，在网络上处理工作邮件，网上购物，有事没事都挂在网上。当人们已经离不开网络，网络全面渗透到人们的生活中时，一种网络生活方式逐渐形成。

如何引导和发挥网络自媒体的作用有两个方向的考虑：一是如

---

① 蒋有慧. 中学生网络生活情况的调查研究 [J]. 中国教育学刊, 2003 (7): 56.

何引导和利用有影响力的公众人物通过网络自媒体的社会平台，传播正面能量和积极的社会影响力。二是如何积极引导青年自身的网络行为。每一个青年都是自媒体的存在，他们既在网络上接受各种各样的信息，同时也是信息源。越来越多的青年开始在微信公众号等自媒体上，连载与自己兴趣相关的文章，同时还能吸引很多的粉丝。一些软件在开发的时候也会考虑到为青年的使用设置一些限制和条件，例如，在一些常用软件中，都有一个青少年模式，青少年模式是这些软件为促进青少年健康成长做出的一种尝试，针对核心场景进行优化，精选了一批教育类、知识类内容呈现在首页，且用户无法进行充值和打赏等操作。但这些操作并不能发挥多大的作用。青年在各种自媒体平台能接触到各种各样的信息，每一个自媒体传播的价值观都对成千上万的人产生影响。例如，在平台上唱个歌跳个舞，毫无内容的洗脑歌曲，就能一夜爆红，获得千万关注。而其中传导的价值观也可能出现偏差，比如，青年羡慕那些穿名牌、开豪车、随便发条视频引发千万关注的人，也希望自己成为网红，这种现象对青年核心价值观的形成和引导产生了负面的影响。

对这些负面影响的产生，或许是过于担忧，但是也不得不引起我们对这些自媒体的反思和关注。会有更多的不断更新换代的自媒体成为年轻人主流的社交软件，使青年沉溺其中。一方面我们要有有效的监督机制，另一方面也要善于引导青年积极有效地介入自媒体，对不断更新的青年喜欢使用的社交软件等进行评估和研究，充分了解和熟悉青年所使用的这些自媒体平台，对青年加以正确的引导，这些软件和平台就能成为青年核心价值观教育的有效手段和工具。青年也会更容易接受和认同这些方式，从而使青年核心价值观教育的效果更自然和显著。

三、传承教育路径——注重家庭影响力和传统价值观教育方法

青少年求知欲强，对新事物敏感且具有极强的吸摄能力。由于经济全球化、文化多元化、传统教育模式的缺失以及互联网广泛传播西方文化等的影响，对出生于改革开放之后和社会变革时期可塑性极强的青年而言，文化认同产生了巨大的变数。近年来青年大学生群体的文化认同危机感逐渐显现，青年大学生群体的基本价值取向和文化行为产生偏移，逐渐出现了淡化和漠视民族传统文化，强化和追随西方文化模式的现象。

全球化带来的文化多元化为新生代大学生带来了不同于民族传统文化的"第二文化空间"。在这一文化形态中，外来思想和价值观良莠不齐，泛滥成灾的商业主义、功利主义、享乐主义文化和行为模式，以及西方以个人主义为核心的一整套文化模式，冲击着大学生的道德观、生活观、交往观和公平观，侵蚀着传承千年的民族精神，使之对民族文化和既有社会道德伦理产生怀疑和批判，甚至企图取而代之。对上海市 5 所高校大学生的调查显示，51%的学生认为没有必要了解中国历史，其中 37%的人对中国历史并不感兴趣。民族历史的传承在新生代大学生中遭遇到了史无前例的阻碍。①

我们要重视家庭的亲子关系，家族的教化，强化青年对中国传统文化传承中优秀传统文化价值体系的了解和认同。中华优秀传统文化和价值理念是青年核心价值观教育的灵魂。中国传统文化中的

---

① 樊娟. 新生代大学生文化认同危机及其应对 [J]. 中国青年研究, 2009 (7): 37.

道德观和价值理念，是经历几千年文明的沉淀而保存下来的，属于中华民族的特殊记忆和文化特性，这是我们的根源和根本，是灵魂所在。任何欣赏和追随都是建立在深刻的了解接触之上。传统固然有其守旧的地方，但是并不能因此而全部否定，将我们文化中的精华也一起丢弃。丢弃了传统文化的特性，就是丢弃了我们自己的身份认同；丢弃了对"我是谁"的深刻认识，就是丢弃了我们一脉相承的精神气质。对传统文化我们要有更大的情怀。在几千年的文明沉淀中，传统所塑造的特有的价值体系，是我们之所以成为中国人的根本所在。

正如习近平总书记所指出的那样："文化是一个国家、一个民族的灵魂。文化自信是更基础、更广泛、更深厚的自信，是一个国家，一个民族发展中最基本、最深层、最持久的力量。"① 当代中国青年要有对传统文化的关怀和敬畏之情，要传承属于我们民族一脉相承的精神气质，要守护我们的民族文化特色，要包容且开放地对待传统中的守旧部分并且发扬光大传统中优秀的部分。我们要认真学习我国传统文化中的思想精髓和道德理念，中华文明所提倡的"仁者爱人"的道德观，"义以为上"的社会伦理以及"以孝为先"的家庭伦理不仅是古代中国的思想和道德精华，也是适用于现代中国的价值伦理，应该根植于每个中国青年的内心，成为青年固有的价值理念。注重家庭对青年传统文化传承的作用，因为家庭具有一脉相承的特殊性，但家庭也有局限性，因而需要其他资源的相互补充和支撑。

---

① 中共中央宣传部. 习近平新时代中国特色社会主义思想学习纲要：2023 年版 [M]. 北京：学习出版社、人民出版社，2023：185.

因此，青年核心价值观对中国传统文化理念的传承教育要注重家庭影响力和传统的价值观教育方法。对青年最早也是最直接的影响来自家庭，家庭本身体现的就是一种传承。家庭更有温情，是青年的情感纽带。传统文化的很多核心价值观念都是起源于家庭关系，如"老吾老以及人之老，幼吾幼以及人之幼"等传统美德都是起源于家庭关系。可以说，家庭是青年开始接触社会、性格培养和养成、价值观念形成等的第一原生态环境。这个原生态环境非常重要，对青年的影响是一辈子的，是青年价值理念、道德观形成最直接的也是最原生的环境。青年在家庭中与父母长辈接触的时间最长，受到的影响最直接。家长的情感培养和权威的树立以及亲子关系的互动等家庭环境，对青年的生活习惯、心理、价值理念等都会产生潜移默化的影响。对当代中国青年的核心价值观教育尤其是对传统文化的启蒙和传承始于家庭教育，家庭所扮演的角色非常重要。将青年核心价值教育尤其是中国传统文化价值理念的教育融入家庭生活当中，家长和长辈言传身教悉心教导，青年则从小耳濡目染。同时，注重传统的个人价值观教育方法，一方面能起到很好的效果，另一方面通过这种传统习得的方式本身也是一种对传统的传承。

（一）中国传统教育风格

传统的入学教育思想是具有人文关怀的普及性教育传统。历史悠久的"私塾"教育方式是保存民间文化品质和维系国民道德素养的低成本教育模式，也是一种自生、自发、民间可自由经营的教育模式。中国的市场经济启动以来，我们适应市场需求的"应急式""多渠道"人才培养方式，如职业技术教育、企业内部培训、标准技能考核发证等实用主义教育已经遍地开花。

最近几十年来，随着城市人群生活水平的提高，人们对积极享受"休闲"生活的追求日益增强。各种类型的生活知识传播和休闲才华培训班悄然兴起，各种"俱乐部"风生水起。但令人担忧的一个问题是，中国传统的教育风格却在逐渐被教育的现代化进程所消解。以孔子思想和教育实践为代表的中国传统的教育风格包括以人为本、关怀现实人生；以德为重、教书育人；因材施教、给不同的人以不同的教育，为国家培育不同层次的受教育人群等。① 中国传统教育以伦理为最高价值取向。它有一个积极的方面，那就是把道德教育放在第一位。首先讲究练习，从小教育儿童洒扫庭院，礼让应对，形成习惯；稍大一点就要读书明礼，通过学习经史子集，学习做人的道理。中国传统道德教育特别强调自律、自我修养，从心性上陶冶情操。中国传统道德还重视向他人学习，把他人的品行作为镜子来对照自己。②

在青年的核心价值观教育上，可以更好地发挥中国传统教育风格的理念，继承和发挥传统的优势，尊重学生个性，因材施教、以德为重。让这些青年大学生在走上社会岗位以后，传承知识的薪火和承担知识分子应有的责任，避免出现精神丧失、精英文化退化、社会道德滑坡等现象。中国一直有重视家庭教育和社会环境教育，鼓励人奋发向上的文化传统。常言道："再苦不能苦了孩子，再穷不能穷了教育。"注重从小培养青年"修身、齐家、治国、平天下"的人生理想和抱负。

---

① 潘一禾. 文化安全［M］. 杭州：浙江大学出版社，2007：158.
② 姚雯雯. 中国教育的文化基础研究［M］. 北京：冶金工业出版社，2019：43-44.

（二）以"礼"教人

中国素有"礼仪之邦"之称，正所谓"有礼仪之大谓之夏"，中国非常注重礼和礼节，而且在注重礼和礼节的过程中传递了一种文化理念和文化气质。在中国的传统文化中，有五礼之说，祭祀之事为吉礼，冠婚之事为喜礼，宾客之事为宾礼，军旅之事为军礼，丧葬之事为凶礼。在人生中的重要时刻，都有相应重要的礼仪。对仪式的注重，仪式感本身传达的是一种敬畏、尊重和珍惜。如祭祀之事表达了对天神的敬畏之心；冠婚之事是人生当中重要时刻的重要仪式，是对婚姻和另一半的尊重；宾客之事是对人与人关系的尊重和珍惜，以宾为尊；丧葬之事更是对生命的敬畏等。在中国的丧葬之礼上，各种复杂的程序背后，反映的是对生命的敬畏。生、冠、婚、丧等人生礼仪贯穿了人的一生。从类别上划分，礼仪分生活礼仪和政治礼仪。政治礼仪包括祭祀之事，天、地、宗庙、圣贤和先师以及其他重要人物都是祭祀的对象。生活礼仪涵盖了生老病死，饮食礼仪、馈赠礼仪等。而在礼仪当中，最早的是丧礼。丧礼是对死者灵魂的安抚，对生者而言，则是长幼有序正人伦。中国的宗法制即是在礼仪的发展与实施过程中不断形成的。重礼仪也是儒家传统文化的核心之一。

在礼仪活动当中，人伦关系、价值理念都能得到很好的体现和传承。通过一种礼仪的活动加强这种文化记忆，从而产生了原始的宗教以及宗法制的雏形。各种礼仪自成体系，形成了完善的制度，对人与人的关系、人与自然的关系、人与神的关系甚至人与鬼的关系都有重要的规定。最开始是出于对大自然和不可抗力的敬畏和恐惧，对神的力量的渴望和敬畏。通过各种祭祀活动，转移这种恐惧并表达尊重和敬畏，希望得到神灵的庇佑，并逐渐成为固定的仪式，形成一种规范。在儒家的经典中，重要的文献都是和礼有关，儒家经典的文献《周礼》《仪礼》《礼记》，三礼就是关于周代礼仪的重要文献，是此后几千年国家礼仪制度的重要参考和经典文献。这些文献所记录的礼仪活动中，既体现了个人的道德修养，也有对行为准则行为规范等的规定。

中国传统文化注重"礼"。"礼"原是祭神祈福的一种仪式活动，后因人际交往的频繁、社会生活的复杂化，"礼"引申为人的行为，是必须遵循的法度和仪式。从个人的出生到死亡，各种社会关系、政治关系都涵盖其中，可以说礼无所不包，礼本身是中国传统文化的重要载体。通过习礼，通过实践礼仪的过程，本身就是文化的体验和加强记忆的过程。不论是个人生活还是治理国家，都有相关的礼。礼成礼毕在形式上是完成一个仪式，但具有重要的象征意义和文化意义。对家庭而言，一切相关的礼仪活动表现的核心是尽孝。对国家而言，一切礼仪活动围绕的是忠。"亲亲"和"尊尊"是礼仪所体现的重要理念。亲亲即为孝，尊尊即为忠。在家讲孝，在国讲忠。孔子要求"弟子入则孝，出则悌"，用血缘关系来维护社会的礼治秩序。古代，礼的起源和最初形式便是祭祖，体现出家庭之中礼仪的重要地位。① 在家庭关系中，通过以"礼"教人，可以更好地传承中国的传统文化。

（三）孝亲教育法

孝亲教育法，从某种程度上来说，是以"礼"教人重要的表现

---

① 杨鸿飞."不学礼，无以立"——浅析礼的现实意义 [J].文教资料，2016 (34)：10.

形式之一。"大哉儒道行孝承义"母亲节活动，2018 年 13 日在孔子故里曲阜举行。现场通过向母亲行古礼、敬茶等实际行动传承孝德文化。通过具有仪式感的孝亲教育，传播孝德文化。孝是中国传统文化重要的价值理念，孝亲即是对具有血缘关系的父母长辈的恭敬和顺从。中国具有家国同构的传统，修身齐家治国平天下，家国是一体的。因此家庭关系是一切关系的起点，也是国家治理和国家秩序的起点。儒家文化注重孝亲的教育。亲情之爱是一种"真情实感"，人人皆有。"孝悌也者，其为仁之本与。"（《论语·学而》）孝是中国传统文化重要的价值理念，是亲情教育的主要表现形式。"家庭是青年身心成长的重要场所，家庭教育，是存在于家庭成员之间，相互开展实施的一种私人教育、情境教育。青年会被来自家庭内部的行为习惯、价值取向，还有更潜在的思维方式引导，因此家庭教育对青年核心价值观的影响也最为深刻。"①

青年在走向社会逐渐成熟和独立的过程当中，前半部分人生都是围绕着原生态的父母为主，都是在父母的呵护下成长，任何教育都不能替代父母和家庭的作用和影响。"父母在，游必有方"，中国传统文化非常重视这种孝亲教育。通过尊老爱幼，珍惜和爱护家庭成员之间的关系，建立和谐的家庭氛围，使人与人之间、人与自然之间以及人与社会之间和谐共处。传统文化中的"孝亲教育""感恩教育"既是一种文化的传承，本身的教育理念和教育形式也是一种重要的价值观教育方法，能够更好地传承"以孝为先"的中国传统文化价值观。孝作为家庭伦理的起点，在践行过程中，与其他中国传统文化的价值理念也是互通的。

---

① 戴冰. 青年思想政治工作学引论［M］. 上海：上海交通大学出版社，2019：107.

"孝悌"的观念在儒家思想中占着非常重要的地位。所谓"孝悌"就是对父母尽孝、对兄长敬爱、对君子尽忠。它是做人的根本、美德的前提。所以，孔子说："弟子入则孝，出则悌，谨而信，泛爱众，而亲仁。行有余力，则以学文。"（《论语·学而》）孟子继承了孔子的思想，把"孝悌"看作是伦理关系中最重要的。他说："内则父子，外则君臣，人之大伦也。"在父子、君臣二伦中，做晚辈的如果做不到孝敬父母，做臣子的做不到忠顺君子，那就谈不上做人了。如果人人以"仁义"和"孝悌"为行动根本，那么，社会就会人伦有序，国家就会繁荣昌盛。"孝悌"的观念就成为中国人处理人伦关系的一个重要规范。

梁启超在《新民说》第五节中称："忠孝二德，人格最要之件也。"① 正是由于这种"孝悌"思想和观念的形成，使得在中国历史上，每当国家和民族遭受危难之际，总会有人毫不犹豫地挺身而出，为国献身，舍生取义。正因为这种对父母、对集体、对国家、对民族"孝"和"忠"的信念，中华民族具有更强大的向心力和凝聚力，在绵绵的历史长河中，不断走向进步、走向文明。因此，要从家庭关系出发，通过孝亲教育等路径，引导当代中国青年对中国传统文化和价值理念的感知和传承。

四、认知教育路径——注重国家力量

对西方文化要批判性吸收，他山之石可以攻玉。文化的民族性和阶级性决定了文化有特定的服务对象，如统治阶级的文化是为统

① 罗国杰. 中国伦理学百科全书 1：伦理学原理卷［M］. 长春：吉林人民出版社，1993：285.

治阶级服务的，代表和维护着统治阶级的利益。因此，现代西方国家会利用经济、军事和文化的强势地位，对外推行文化扩张主义以维护西方的霸权地位，也就是自然而然的事情。但他们为了解释其政策的合理性，往往把文化和文明混为一谈，把文化扩张和渗透说成是传播西方先进文明，是一种先进文明替代落后文明，是文明取代野蛮，是在推动历史前进。文化是一种教化，既"以文化之"。文明是一个历史进程，是指"人类的开化状态和创造活动及其成果的进步程度"，"包括人类所发明和创造的物质的和精神的两大方面的成果"①。文明是与野蛮相对应的概念。文化与文明的区别，曾经有一个非常形象的比喻："文明是要不要穿鞋子，文化是穿什么鞋子。"也就是说，文明是共有共享的，文化是共享的不同方式，可能是不断变革、相互交流的和竞争的。按照亨廷顿在《文明的冲突与世界秩序的重建》中的理解，文明涵盖了文化，二者基本通用，所以文化的差异必然会带来文明的冲突，会对西方文明构成威胁。文明作为一种历史进程，先进文明取代落后文明，符合历史的发展规律，以此类推，西方文明取代其他文明，也就变成了顺理成章的事情。这样，西方国家就以西方文明是先进的，可以取代其他落后文明为借口，堂而皇之地推广其思想观念、价值观和民主制度。这有很大的混淆性和迷惑性，否定了文化差异的客观性、平等性和可交流性。国际文化的交流和建设应该提倡文化的多样性和多元性，不能用同一种文化来同化世界，不能借口文化的差异性武断地得出不同文明之间必然发生冲突。

现代国际关系研究院学者王在邦指出，美国称霸全球的手法很

---

① 高令印. 中国文化纲要 [M]. 厦门：厦门大学出版社，1997：5.

多，主要有政治颠覆、经济制裁、武力干涉和文化渗透。而文化渗透是越来越常用的称霸全球的手段之一。利用广播等技术对外宣传是西方文化渗透的主要方式；利用现代的传媒技术，是西方文化渗透的重要手段；通过文化产业和技术输出等，占领他国的文化市场，向目标国输出其文化、价值观念和意识形态是西方文化渗透的常用手段。全球化的关键问题是标准化，而这种标准是由谁来制定的？目前的全球化在很大程度上仍然是朝向"美国化"和"西方化"的方向发展。美国强势文化的影响深远，有些地区和国家的文化传统逐渐被遗弃和淡忘，逐渐失声，这些国家和地区的国民，尤其是处于价值观形成时期的青年在美国强势文化的影响下，很容易"无意识"地认同和接受美国的价值理念，从而对"本国家—民族"文化传统和价值理念的认同产生影响。

美国的强势文化不仅具备先进的技术优势，而且具有国家战略的整体支持。美国"文化霸权"战略的出笼和实施，得到国家财政等各种资源的大力支持。布热津斯基（Zbigniew Brzezinski）在《失去控制》一书中指出，削弱民族国家主权，增强美国的文化作为世界各国的"榜样"文化和意识形态力量，是美国维持其霸权地位所必须实施的战略。① 外来文化的渗透和影响往往借助的是国家的力量和国家政策的一步步推行，针对青年大学生等群体的影响方式则灵活多变，例如，"通过资助等各种方式，利用高校的各种社团组织，宣传和传播西方的价值理念和理论等。"② 美国对中国的基本

---

① 郝良华. 全球化进程中的美国文化霸权 [J]. 理论学刊，2002 (4)：99.
② 赵波，高德良. 西方文化渗透对我国文化安全的影响 [M]. 北京：中国传媒大学出版社，2012：28.

战略没有改变，把中国视为潜在竞争对手，并在国家战略层面上推行以文化为主的"软战略"，在文化领域进行渗透。

要防范和应对这种风险我们也需要借助国家的力量，从国家战略和国家政策层面，增加青年核心价值观教育资源，通过各种方式增加青年的主观判断能力，让他们了解西方文化渗透的方式、方法和本质。如果我们能够提供更易被青年喜欢和接受的文化和娱乐方式，提供更有吸引力的广播、更有吸引力又正能量的游戏等，外来文化在对国内青年的吸引力上就会失去发挥作用的环境和土壤。这些资源和外部条件需要国家在战略层面上给予支持。

因此，青年核心价值观教育中，对外来文化的认知教育要注重国家力量。外来文化对当代中国青年渗透和影响的方式，不论是通过对外宣传，现代媒体技术，还是占领我国的文化市场，背后都是一个国家的战略行为，要有效化解和防范这种风险，同样需要强大的国家力量的支撑。国家不仅从文化安全的战略高度重视青年的核心价值观建设，而且还要有强有力的国家科技和经济实力的支持。既要在国家层面调动一切可利用的资源，同时还要有国家政策的支持，作为当代青年核心价值观教育的强大后盾，抵御外来文化和价值观渗透的风险。

（一）国家战略

将青年的核心价值观教育提高到国家战略的高度。从文化安全的角度出发，青年的核心价值观教育不仅关系到主流意识形态安全、关系到中国传统文化的传承，也关系到外来文化竞争过程中中国传统文化的生存问题。为青年核心价值观教育提供相应的国家战略的支撑尤为重要。

价值观教育作为一种国家战略在西方国家也得到了高度的重视和实践。学者的研究指出，从 20 世纪 90 年代末开始，澳大利亚开展了全国性的价值观教育。澳大利亚政府和教育部门十分重视价值观教育在学校的开展，在制度设计、体系建构、教育方式、项目实施、宣传展示、质量管理等方面对全国性价值观教育进行了战略规划。例如，在顶层设计上注重制度设计，澳大利亚将价值观教育直接写入战略规划，在制度设计上确保了价值观教育的有效推进。从国家教育层面，早在 2003 年澳大利亚教育部就确定了 10 项社会价值观念。① 从顶层的制度设计、法律依据、教育方式和具体的实施步骤和案例推进都有相关的设计，从国家战略的高度重视青年的价值观教育。

党的十六届六中全会通过的《中共中央关于构建社会主义和谐社会若干重大问题的决定》中，"建设社会主义核心价值体系"作为一个重要的战略任务第一次被明确提出。十八大首次提出，要倡导富强、民主、文明、和谐，倡导自由、平等、公正、法治，倡导爱国、敬业、诚信、友善，积极培育和践行社会主义核心价值观。习近平同志在十九大报告中指出，坚持社会主义核心价值体系。从国家战略的高度和角度，提出了社会主义核心价值观体系和社会主义核心价值观。同样，在青年的核心价值观教育中，也要从国家战略的高度，在制定国家战略的具体实施过程中，将社会主义核心价值观体系以及中国传统文化理念作为一个整体的内核部分，逐渐内化于青年的思想和实践当中。新时代青年有新使命。"新时代中国

---

① 司文超. 澳大利亚核心价值观教育的国家战略实施及启示 [J]. 北京教育（德育），2018（12）：93-96.

青年顺应社会发展潮流，适应国家治理体系和治理能力现代化要求，在社会文明建设中引领时代新风，争当正能量的倡导者、新风尚的践行者。"① 对青年的价值观教育也要从国家战略的高度进行整体规划和顶层设计。

（二）资源整合

对主流意识形态价值观的引导和培养上注重社会的力量，对中国优秀传统价值理念的引导上注重家庭的影响力，这是从有利于价值观教育实现途径的考虑出发，同时也要注意其他途径的补充，包括对外来文化的认知，社会和家庭影响也都是重要的实现方式，这就需要国家层面的资源整合。比如，中国传统优秀文化价值理念本身就是从家庭关系的实践和推演而来，所以在对中国传统文化价值理念的引导上，可以更加注重家庭的影响力。另外，家庭本身是千差万别的，而且每个家庭的家庭氛围也都是因人而异的，在这种情况下，仅依赖家庭的影响力是不稳定的，还需要借助其他外在力量和支持。同样的，对主流社会意识形态价值理念的认同和内化，社会的力量具有相对中立的立场，对青年群体来说更加亲和。是贴近现实而又具有广泛影响力的榜样力量，可以减少青年的抵触情绪，形成一种潜移默化的影响，有利于青年对主流社会意识形态和价值理念的接受、认同和践行。不过，社会影响力相对分散、多元和黏合度不高。

不论是榜样，知识精英还是网络自媒体，都是一个非常庞杂的信息体系。树立哪些榜样，有哪些网络资源需要维护，哪些知识精

---

① 国务院新闻办公室. 新时代的中国青年白皮书［EB/OL］. 中华人民共和国国务院新闻办公室，2022-4-21.

英应该起到主导和带头人的作用，这些相对分散的资源本身需要有效地整合起来。社会影响力对青年主流核心价值观教育的作用也有局限性，需要整合多方力量，比如，学校的思政教育等要提供基础性支持和配合。本书对学校在青年价值观教育上发挥作用的研究，更多是放在国家和政府的层面。作为一个更为正式的价值观教育途径，国家对这些资源进行整合，学校可以是重要媒介和平台，比如，通过学校，将家庭、社会资源更好地联系在一起。对有用的资源和信息进行甄别，尽量避免负面的资源和信息对青少年价值观产生影响。

整合价值观教育的教材和师资资源。根据国家的宏观计划和具体的实施纲要，在纵向上，对初中、高中、大学等青年核心价值观教育内容进行整合和衔接。初中、高中、大学应该有不同的侧重，是平行的关系还是递进的关系，在内容设计上是重复居多，还是将不同的内容和模块分别放在不同的阶段进行，之间有什么内在的逻辑关系。核心价值观教育的设计者要有一个总体的思路和规划，对核心价值观教育的教材与课程资源进行总体设计，形成一个有机统一的价值观教育体系。在横向上，整合学校之间的核心价值观教育资源。每个学校的价值观教育资源有多有少，比如，优秀的师资，明星老师，自带流量有公众影响力的老师可以横向交流和互动，加强学校与学校之间的联系以及资源的互换，扬长避短，优势互补。

在宏观上，国家对学校青年核心价值观教育的投入和政策支持力度的大小，在全社会整合资源的力度和强度，关系着青年核心价值观教育的效果。国家力量的介入，使青年核心价值观教育可以更有效地化解外来文化的影响和渗透，成为文化安全风险防范的有力保障。在微观上，资源整合具体到每个学校和院系对学生思想政治课和核心价值观教育的重视程度和资源配置，比如，由具有什么样资历的老师来开课、保证多少课时等。我们的教育资源可以在多大程度上向青年核心价值观教育倾斜。

整合教师资源至关重要。习近平总书记提出办好思政课，关键在老师。思政课老师，要给学生埋下真善美的种子，引导学生扣好第一粒扣子。第一，政治要强，让有信仰的人讲信仰，善于从政治上看问题，在大是大非面前保持政治清醒。第二，情怀要深，保持家国情怀，心里装着国家和民族，在党和人民的伟大实践中关注时代、关注社会、汲取养分、丰富思想。第三，思维要新，学会辩证唯物主义和历史唯物主义，学会正确的思维方法。第四，视野要广，有知识视野、国际视野、历史视野，通过生动、深入、具体的横向比较，把一些道理讲明白，讲清楚。第五，自律要严，做到课上课下一致、网上网下一致，自觉弘扬主旋律，积极传递正能量。第六，人格要正，有人格，才有吸引力。亲其师，才能信其道。要有堂堂正正的人格，用高尚的人格感染学生、赢得学生，用真理力量感召学生，以深厚的理论功底赢得学生，自觉做为学为人的表率，做让学生喜爱的人。现在高校有很多思政老师上课非常有特色，也成为流量小生和网络红人，他们本身的影响力通过自媒体产生放大的效应。如何让更多有信仰、有情怀、有视野、有方法的思政课老师，引领青年的核心价值观教育，需要每个学校加强对核心价值观教育资源和师资的重视，进行挖掘和培养。

整合价值观教育的社会资源。价值观教育实践性很强，国家以学校为载体可以充分整合价值观教育的社会活动资源，注重价值观教育的实践性，将价值观教育与社会实践相结合。"将红色文化渗透在对民族精神的传承与弘扬、对中国特色社会主义共同理想的深切向往、对新时代中国特色精神的创造等方面。红色文化资源内容生动活泼，富有感染力，在价值观教育方面有极强的说服力。"①爱国主义教育基地、名人故居、国家安全教育馆，可以作为青年核心价值观的教育基地。革命烈士纪念馆，可以增进学生对革命先烈的敬仰，培养学生的爱国主义精神和情怀；文化一条街、名人街等，可以增强学生的文化素养和历史情怀；国家安全教育馆生动形象地向青年展示我国的国家安全工作，培养国家安全意识和爱国主义精神等。上海国家安全教育馆就是青年核心价值观教育一个非常好的载体。上海国家安全教育馆作为目前国内规模较大的国家安全教育基地，以重大事件和重点人物为中心，充分运用声光电模型、电脑互动、激光模拟、多媒体电子演示系统等现代展示手段，全面展示了在革命战争年代、新中国成立初期和改革开放时期隐蔽战线的前辈和干警，为保卫党中央、为人民解放事业、为巩固新生的人民政权、为维护国家的安全和荣誉等，所进行的艰苦卓绝的战争。相比平时的课堂，安全教育馆可以通过更直观更震撼的方式让青年了解这段历史，了解其中发挥作用的关键人物，学习感悟这些关键而又默默无闻的人物身上的思想和信仰的力量。上海市国家安全教育馆也是上海市爱国主义教育基地，是国家安全教育基地、国家安全教育现场教学基地，同时也是上海市青年国家安全教育基地和青年中心，是青年价值观教育的重要基地。除此之外，国家力量的介

---

① 徐元龙，孙颖. 运用红色文化涵育青年核心价值观的思考 [J]. 文教资料，2019
(5)：84.

入有利于整合价值观教育的网络媒体资源。网络媒体之间、网络媒体与传统媒体、网络媒体与手机传媒之间的资源整合，使其功能互补，发挥网络的积极作用，加强网络的宣传和监管，为青年的核心价值观教育提供支持。

（三）政策支持

国家力量的介入，另一个重要的方面就是政策支持，包括文化产业的相关政策和科技实力等的支持。青年的核心价值观教育涉及多方力量之间的统筹协调，构成一个支持体系，是家庭、学校和政府多方力量的平衡。在具体的政策上，积极支持和扶植爱国主体的电影电视和文字作品创作的各种基金和培训班等，支持知识精英学者在这方面的研究和创作，支持学校在价值观教育上的投入和创新等。这些支持还包括对青年爱国主义教育基地的资金投入，对青年参与中国传统文化相关项目的支持和投入，对学者积极围绕青年核心价值观教育进行学术构建提供政策和资金支持等。

借鉴参考其他国家的做法，如俄罗斯为具有代表性的俄罗斯价值观提供了法律形式上的支撑。2015年最新修订的《俄罗斯联邦国家安全战略》指出，保护传统精神道德价值观是确保俄罗斯国家安全的重要条件之一。所谓"俄罗斯传统道德价值观"具体包括"精神优先物质，保护人的生命、权利和自由，家庭，创造性劳动，服务祖国，道德准则和道德性，人道主义，仁慈，公平，互助，集体主义，俄罗斯民族的历史统一性，祖国历史的继承性。"同年颁布的《2025年前俄罗斯联邦德育发展战略》强调了俄罗斯联邦德育发展战略应当遵循的精神道德价值体系，即衍生和形成俄罗斯文化发展进程的"仁慈，公正，荣誉，良心，毅力，自尊心，相信善良并追求履行对自己、家庭和祖国的道德义务"。在外交政策领域，2016 年颁布的《俄罗斯联邦外交政策构想》提出，包括俄罗斯在内的国际社会各方力量，形成开展联合行动的价值基础，这一价值基础不仅包括宗教的道德精神潜力，还应包括具体原则，如"追求和平与公正、尊严、自由、责任、诚实、仁慈和勤劳"。在民族政策领域，2012 年颁布的《2025 年前俄罗斯联邦国家民族政策战略》围绕未成年一代的教育问题提出要培养儿童和青年的"全俄公民意识""爱国主义情感""公民责任"和"国家历史自豪感"。以国家法律形式提出具有代表性的俄罗斯价值观。[①] 从国家战略上高度重视青年核心价值观教育，并且提供具体的政策支持，这些政策支持包括了必要的法律支持，具体的扶植政策和资金支持等。

　　青年的核心价值观不仅是青年的自我理解、自我认识和自我建构，同时还引领了社会的价值秩序，凝聚了社会的价值共识，充分反映了一个民族的文化自信。保障青年价值观教育普及性的国家政策建设，非常重要。2005 年《澳大利亚学校价值观教育的国家框架》被澳大利亚所有的州和领地的教育部门认可和批准。在体系上注重协同衔接。澳大利亚在价值观教育上，既重视大、中、小学的教育衔接，也重视教育主体之间的协同配合，促使价值观教育成为各级各类学校教育的重要内容。在不同层级的教育衔接方面，特别重视价值观教育从小开始，十分重视小学、初中的价值观教育。在教育主体的协同配合方面，加强学校与家庭、社会、社区以及社会组织的教育协同，尤其是重视发挥社会组织的功能和作用。在澳大

---

①　雷蕾，叶·弗·布蕾兹卡琳娜. 普京时代俄罗斯核心价值观建构及其价值观教育 [J]. 比较教育研究，2019（3）：3-9.

利亚的愿景里，要建立一个积极的、充满价值的学习氛围，一个以关心、信任和鼓励为特征的系统。教师、学校行政人员和社区对价值观教育的开展具有非常重要的作用。在项目实施上注重条件保障，在《国家框架》发布后，澳大利亚政府资助了三轮价值观教育学校项目——"价值观教育良好实践学校项目"等。在宣传展示上注重案例推广，教育部和其他部门联合开展国家层面的"价值观教育研究"并发布相关研究报告。出版《价值观教育案例研究》，有关价值观教育的典型案例研究，直接由课程公司管理，获得了澳大利亚政府超过 58 万美元的资助。在培养国家核心价值观方面，澳大利亚联邦政府可谓不遗余力。①

青年核心价值观是引导和规范青年言行的重要标准，通过核心价值观教育，对青年主流价值观加以引导，促进这些青年价值观教育的重要内容能够被青年群体所接受和认同，使青年能够对这些价值观达成共识。这是一个价值观体系在青年群体中的社会化和内化过程。在这个内化过程中，青年对自身的人格和性格角色定位等都是朝着有利于社会发展和我国文化安全维护的良性互动的方向发展的。

一方面，青年具有一定的主观能动性，积极配合、认同和实践核心价值观的理念。另一方面，国家力量的介入，从战略的高度，制定宏观的战略和具体落实的政策，整合各方资源，并提供具体的扶植政策，这就提供了有利于青年核心价值观教育的外部环境和氛围。这些因素形成一股合力，共同作用于青年的核心价值观教育。

---

① 司文超. 澳大利亚核心价值观教育的国家战略实施及启示 [J]. 北京教育（德育），2018（12）：93-96.

从家庭出发，政府大力支持，学校全力配合，社会精英和大众传媒等辅助，形成一个动力系统，在这股合力的共同作用下，逐渐使自发的价值观与所倡导的有利于国家文化安全的青年核心价值观达成一致，最终完成青年核心价值观的社会化或内化过程。青年一旦形成了一个稳定的核心价值观体系，抵御外来文化和价值观理念的渗透能力也就自觉增强，同时青年也逐渐成为国家建设的主体，成为文化传承的主体和载体，对我国文化安全的稳定和维护也就起到了积极正面的作用。

第五章

总结与思考

青年核心价值观教育具有文化安全属性，从文化安全视野考察青年核心价值观教育，我们会重新发现青年核心价值观教育内容的稳定结构和多重路径。最后，我们还要认识西方和东方的关系，在认识西方中心主义和东方文化特性的辩证关系中，更好地认识文化安全问题的实质和青年核心价值观教育的深刻性。在认识东方文化特性并保持东方文化特性的基础上进一步认识东方文化本身的传统和现代性的问题，作为一种探讨和深化的空间，为青年核心价值观教育提供了各种可能。在这个基础上，创新青年核心价值观教育方法，比如，注重传统私塾的现代化问题，注重语言的力量，重视汉语文字本身所传递的文化力量等。在网络化领域，找到适合影响青年价值观的传播方式，比如游戏的设计等。在对其他国家的价值观教育路径的比较分析中，也会发现他们对传统文化和本民族特色的重视。在对东方文化特性的保持、传统和现代性问题的深入探讨中，当代中国青年核心价值观的教育与引导问题作为一个开放的命题，需要更深入的研究。

一、青年核心价值观教育的文化安全属性

本书围绕"为什么""是什么"和"怎么办",从文化安全的角度对青年的核心价值观的教育与引导问题进行了深入的探讨和研究。为什么要从文化安全的角度对青年的核心价值观教育进行研究,通过第一章导论和第二章文化安全理论的提出对"为什么"进行了回答。第三章青年核心价值观的教育内容,是对"是什么"的回答。第四章青年核心价值观教育路径是对"怎么办"的回答。围绕青年核心价值观的教育与引导问题,从核心概念和文化安全理论出发进行了系统的阐述。"文化安全""中国的文化安全""青年核心价值观教育"是本书研究的重要概念。青年的核心价值观教育与引导被赋予了文化的属性,从这个全新的视角对青年核心价值观教育的重要性、青年核心价值观教育的内容以及青年核心价值观教育的路径都进行了相应的研究。同时本书也具有一定的局限性,例如,青年不是一个整体,其本身是有差异的,从文化安全这个相对宏观的角度提出来相比于从青年自身的角度出发,容易忽略和照顾不到这个问题,这是一个需要继续深化研究的问题。此外,对文化安全本身的研究也需要进一步深化。

（一）文化安全内涵的深化

文化安全是本文的核心概念,文化安全理论视角为本书的研究提供了重要的理论研究基础。对于文化安全这一核心概念我们可以进行更立体化的定义。立体化定义至少应该从文化安全的主体、文化安全的内容、文化安全的状态等几方面进行描述和界定。

首先,文化安全的主体。文化安全的主体规模从小到大的实体

可以为家庭、家族、氏族、民族、种族、国家和文明，他们都是具有（并且认同）相同或者相似的价值生态体系、核心价值观和核心文化内容的价值共同体。

其次，文化安全的内容。文化安全的内容是文化安全的主体较为一致地认同、维护和积极发展其价值共同体的价值生态体系、核心价值观和核心内容。并且，一方面能够较好地认知和利用外来文化的积极内容，并认清、警惕和抵御外来文化的消极影响；另一方面能够积极有力地对外传播自身文化，提高其对外影响力。文化安全的内容具体表现为文化安全的主体认同并发展本主体独特的文化符号、内容系统并积极向外传播，例如，中国人认同、热爱和发展汉语言文字、中华历史悠久的传统文化、现阶段的社会主义主流核心价值观和共产主义理想等，并通过书籍、报刊、音乐、影视、动漫和游戏等多种方式和载体对其进行表现和发展，并积极向其他国家和民族介绍和传播。

最后，文化安全的状态。文化安全的状态是指文化安全主体自身所认同和发展的文化所表现出来的功能健康状况和强度。文化安全的状态从低到高包括以下几个等级：已消亡的文化，如古代埃及文化、古代两河流域文化、古代印度文化等；正在消亡的文化，如现今世界众多濒临灭绝民族的文化；勉强维持的文化，如一些边远地区民族的文化；刚刚兴起的文化，如各种亚文化群体的文化；较好维持的文化，世界上一些中型民族国家的民族文化，例如北欧文化；具有一定优势和传播性的文化，例如中国文化、俄罗斯文化等，这些文化在一定地域范围内具有优越性和传播性；非常有优势和具有很强传播性的文化，例如欧美等西方发达国家的文化等，这些文化不但在本地区内具有统治地位，还在全球范围内具有非常强大的影响力和强势传播能力。

我们从时间的角度以发展的眼光对文化安全的概念进行进一步的介绍和阐释。时间角度主要包括历史角度、未来角度和现时角度三个阐释角度。

首先从历史角度来看，宏观意义上的文化安全是伴随着人类文明的发展和进化而变化的。人类发展到现今，经历了采集狩猎文明、游牧农耕文明和工业文明三大截然不同的生产生活方式文明阶段，并将进入信息文明。从这个文明发展进化的意义上来说，文化安全的本质是不同文明或者文化的竞争和博弈，是对民众心智和情感的博弈，是每一次不同等级和类型的文明现代化的竞争。

我们在进行历史观察时会发现，每次人类文明进化和转型时都会导致一大批文明和文化的衰弱消亡并带来另外一大批文明和文化的兴起繁荣。因此我们必须冷静客观地认识到两点：第一点，文化的兴起繁荣和衰弱消亡都是自然的、客观的和历史的进程，所有的兴起繁荣的文明和文化都可能走向衰弱消亡，这是一种优胜劣汰和适者生存的正常现象，需要我们保持冷静客观的态度来思考和行动。因此我们在观察、思考和解决文化安全的问题时首先可以更多地以一种冷静客观的心态来面对，而不要过多地陷入文化主体过度认同的局限，拒绝认清自身文化的弱点和未来文化的优点从而限制了改造自身文化和学习外来文化的可能性。第二点，要充分认识到文化只有跟随和顺应人类文明类型和等级发展的规律，才不会被时代所抛弃并跟上时代的发展进程，进而引领时代的发展从而成为具有强大影响能力和强势传播能力的优势文明，例如汉唐的中国、罗马帝国、大英帝国。如果过多地陷入文化主体过度认同的局限，拒绝认清自身文化的弱点和未来文化的优点从而限制了改造自身文化和学习外来文化的可能，就难以跟随和顺应人类文明的类型和等级发展的规律，有可能会被时代所抛弃，造成难以兴起或者走向衰弱消亡，例如消亡的印加帝国和玛雅帝国文化等。

未来是历史的逻辑演进，对历史的梳理和分析可以让我们更好地理解和预测未来。如前所述，人类文明马上要进入信息文明时代，在信息文明时代，一切事物都加速信息化、数据化和智能化，虚拟世界会以前所未有的可能性发展。因此文化比起军事、经济等较具体的文明因素而言具有更多的抽象性和虚拟性，其在未来的信息文明中一定会发挥更多更大的作用，因此我们必须要更加重视未来信息文明时代文化的内容、形式以及文化安全的问题。

要关注未来信息文明的文化及其安全，我们就一定要对此时此地的现时文化及其安全进行考察、分析和理解，因为现在是历史的未来，也是未来的历史，现在是历史和未来的连接点，也是我们唯一能吸取历史的经验和教训，在展望未来的可能和发展基础上改造世界的时空所在。我们必须认识到现在世界是从工业文明向信息文明过渡的时代，并且这种转变和进化的速度越来越快，程度也越来越深，而在未来信息文明文化的重要性也越来越大。所以我们一定要充分意识到现时文化安全的重要性，一方面积极充分的从历史角度考察，总结古今中外历代文明能够成为优势文明并对外传播的原因，或者成为弱势文明而被直接或者间接伤害甚至消亡的原因，总结经验和教训，未雨绸缪；另一方面积极充分对未来信息文明发展的可能性和趋势性进行研究和预测，跟随人类文明类型和等级的进化脚步发挥自身文化的优势，学习外来文化的优点，充分改造和优化自身文化本质并积极争取成为优势文化，这是维护现今文化安全的重要可行之法。

（二）文化危机的表现形式

前文已经描述了文化安全的状态等级，那些已经消亡、正在消亡和勉强维持的文化状态等级就是已经出现了危机的文化，而即使那些维持较好和具有一定优势等级的文化其实也有可能面临文化危机。

文化危机可以分为内部危机和外部危机两种类型。其中内部危机是指文化自身的衰弱和退化，例如，科学技术的停滞，中国明清时代的科技发展甚至不如宋元时期的水平；语言文字的消亡，例如，一些少数民族逐渐忘记了自己的语言文字；文化内容的退化，例如，各朝各代末期总是会出现越来越多的庸俗颓废文化；文化制度的失效，例如，清朝中后期科举制度的失败；文化信心的低落，例如，清末民初的"全盘西化"等。更严重的甚至会出现反文明和反社会的文化类型，例如，极端伊斯兰教派倡导的民族分裂和恐怖主义等。

外部危机是指其他文化对本文化的影响、干扰冲突或渗透等。外部危机往往包括直接和间接两种情况，直接危机指的是利用直接的手段加以影响、干扰、冲突和渗透等，例如，种族灭绝，侵占国土，设立殖民地的政治和教育机构并禁止其他文化传播。间接危机指的是利用间接手段通过非暴力和非侵略的方式影响、干扰、冲突或渗透其他文化等，例如，美国等西方国家通过文化艺术作品、社会科学思想的书籍、报刊、广播电视、互联网等手段进行文化的传播，通过潜移默化的渗透方式对其他文化造成安全危机。

内部危机是文化危机的本质，而内部危机往往通过外部危机起作用。文化危机往往体现为外部危机，表面往往是一个优势或者强势的文明对另一个劣势或者衰弱的文明进行影响或干扰，但其实质往往是文化内部危机的外化。正是由于出现危机的文化自身没有自信、自立、自强、积极对外学习和随时代进步，所以才落后，才给了外部文化影响、干扰和渗透的机会，例如，历史上文明古国的衰退和西方国家的崛起，外在表现是这些文明古国被外来国家所干涉和影响，但实质是这些文明古国故步自封，保守自大的心态和行为所导致的。所以只有在保持对本文化自信的同时，打开视野积极吸收外部文化的优点和精华，才能化文化的"危"为"机"。

（三）中国的文化安全

中国的文化安全是指以中华民族这一文化主体较为一致地认同、维护和积极发展中华文化这一价值共同体的价值生态体系、核心价值观和核心内容。并且，一方面能够较好地认知和利用外来文化的积极内容，并认清、警惕和抵御外来文化的消极影响；另一方面能够积极有力地对外传播中华文化，提高其对外影响力。对于中国文化安全的实质可从历史、未来和现实这三个角度加以理解和深化。

首先，从历史角度来看，我们需要回顾过去并回答我们从何而来的问题。中国历史的文化也就是中华民族的传统优秀文化。第一，中华民族优秀文化中最重要、最根本、最合理和最深入人心的核心理念就是"仁"。"仁"也就是爱己、爱人、爱人民甚至爱众生和世界。"仁"可以被认为是泛人本主义或者广义的人本主义，它简单明了却又丰富深刻地思考和回答了人之所以为人和何以为人的终极哲学问题，它是人类伦理的本质和核心。第二，中华文化的另一个重要特点就是具有极强的学习、吸收、包容和消化的能力。中华文化作为一直存在发展的古代文明，其始终生生不息的一大原因就是在文化自信和发展自己的前提下积极学习和包容外来文化的优点，并将其充分吸收和同化。中华文化经历外来佛教等文化的传播和冲击，不但没有消失反而消化了佛教文化，使其成为中华文化的一部分。中华文化的第三个特点就是始终相信"天下大同"理念并相信这样的大同世界，能通过努力所创造和实现。

其次，从未来的角度来看，我们需要展望未来并回答我们将向何处去的问题。我们现实和未来的道路是马克思共产主义。共产主义是一个社会高度发达、人类高度自由的未来世界。在这个世界中，人类不再因为种族、性别、民族和国家的不同而自我定义和区别对待，得以实现充分的自由并充分实践人类的本质，从某种角度而言是一种未来的人本主义。共产主义将在终极和绝对的意义上，不但回答而且实践人之所以为人和何以为人的终极哲学问题，它是引领人类共同未来的理念、信仰和路线图。

从现实的角度来看，中华民族的传统历史文化和马克思共产主义的未来理想文化，能否在此时此地的中国找到逻辑和现实的结合点呢？答案是肯定的。原因有三点，第一，中华传统文化和共产主义理念文化某种程度上都是相信和保持"人性"的"人本主义"的，这一点与异化和物化人性的资本主义理念不同；第二，两者都具有强大的包容性；第三，两者都相信存在人类大同的未来世界，而且也相信能亲身实践和亲手实现这个未来新世界。

中国传统文化和马克思共产主义文化具有理念和现实上融汇合一的可能性，现当代的社会主义主流核心价值观可以说就是两者融汇合一的现实产物。因此，中华传统文化从内在理念和逻辑上选择了社会主义和共产主义。社会主义和共产主义也找到了相当合适的文化载体，它需要解决的是我们是谁以及我们现阶段要完成什么任务的问题。如前所述，当下是过去的未来，也是未来的过去，是历史与未来的结合点，也是中华传统文化和共产主义文化的结合点。我们现在的青年是中华优秀传统文化的传承者和实践者以及未来共产主义的信仰者和实践者，因此我们一方面要发展社会主义主流核心价值观文化，并向共产主义理念文化发展，另一方面要发展中华优秀传统文化，增加自身文化的影响力。

二、青年核心价值观教育内容的稳定结构和多重路径

(一) 青年核心价值观教育内容的稳定结构

从文化安全的视角出发，青年核心价值观教育的内容涵盖了对中国主流意识形态价值理念的认同教育、对中华优秀传统文化价值理念的传承教育和对外来文化的认知和风险防范意识的认知教育。这三者是缺一不可的，共同形成一个稳定的青年核心价值观教育内容的基本结构。我们只有在认同教育和传承教育的基础上，讨论认知教育才有意义。没有认同教育和传承教育的认知教育，对外来文化的借鉴和吸收，只会增强外来文化对青年的吸引力和影响力。如果缺乏对本国政治制度和意识形态的了解和认同、缺乏对本民族文化传统价值观念的了解和传承，那么对外来文化的认知和了解是片面的，被外来文化影响的深度和广度则更甚，这种文化状态是不安

全的、脆弱的，这种情况下文化安全难以从根本上得到保障。如果有认同教育和传承教育而没有或者相对弱化认知教育，这种文化安全则是建立在一个相对封闭和故步自封状态的基础之上，是一种片面的自信，这种文化安全也是相对脆弱和不稳定的。如果有传承教育和认知教育而没有或者相对弱化认同教育，青年对主流意识形态的价值观不了解、不认同，这种文化安全的状态也是不稳定的。政治制度和政权的合法性遭到青年一代的挑战，不利于政权的稳定，内部的混乱同样会带来文化安全的危险。青年的身心发展特点很容易陷入二元的思维当中，在对中国政治制度和主流意识形态否定的同时会追随和肯定西方的政治制度和意识形态，这对我国的文化安全是极大的挑战。因此，对青年核心价值观教育的内容，这三者需要互相配合，缺一不可，缺少任何一个因素，文化安全都是脆弱而不稳定的。

中国古人也曾说，欲灭其国必先灭其文化。这对增强国家文化安全意识不无警示作用。要加强青年的核心价值观教育。现在在大学接受高等教育的一代青年大学生，恰恰是未来中国特色社会主义建设的主体，关系着未来中国社会的价值取向。在青年的核心价值观教育上，中国主流意识形态价值理念的认同教育、对中国传统文化价值理念的传承教育和对外文化理解和借鉴的认知教育三者缺一不可，三者相互支撑构成动态的青年核心价值观教育的重要因素和核心内容。

在文化安全的框架下，通过传承教育、认同教育和认知教育，形成一个相对稳定的安全结构。在这个结构中，每个要素之间并不是独立存在的，而是相互作用、相互交流和改变，共同促进和成

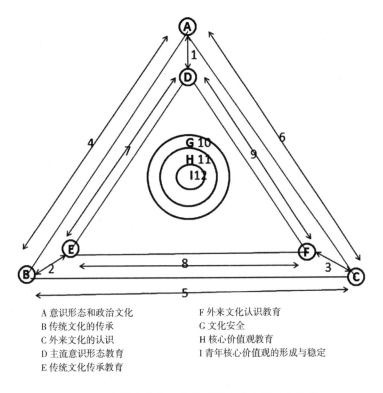

A 意识形态和政治文化   F 外来文化认识教育
B 传统文化的传承   G 文化安全
C 外来文化的认识   H 核心价值观教育
D 主流意识形态教育   I 青年核心价值观的形成与稳定
E 传统文化传承教育

图 2 高校青年核心价值观教育内容的稳定结构

长，最终保证了青年核心价值观的形成和稳定，从而有利于维护我
国文化安全的稳定，使我国的文化特质免于消失、消亡或同化的威
胁。如图 2 所示，1 表示 A 是 D 的基础，并作用于 D，D 反作用于
A，并巩固提升 A；2 表示 B 是 E 的基础，并作用于 E，E 反作用于
B，并选择性解读和构建 B；3 表示 C 是 F 的基础，并作用于 F，F
反作用于 C，并选择性解读和建构 C；4 表示 B 是 A 的来源之一，A
是 B 的选择性解读标准之一；5 表示 B 与 C 相互交流沟通，互相影
响和改变，共同促进 A 的形成；6 表示 C 是 A 的来源之一（如马列
主义），但也会改变会危及 A（如西方外来文化渗透），A 是 C 的选

择，解读和应用的标准之一；7 表示 E 是 D 的来源之一，D 是 E 的选择性解读和应用标准；8 表示 E 和 F 相互交流和改变，共同促进 D 的成长；9 表示 F 是 D 的来源之一，D 是 F 的选择性解读和应用标准；10 表示 ABC 共同保证 G 的形成和稳定；11 表示 DEF 共同保证 H 的形成和稳定；12 表示 G 文化安全促成 H 核心价值观教育，H 保证 G 的实现。这些要素共同促进了青年核心价值观的形成和稳定。

通过传承教育、认同教育和认知教育三者的相互补充、相互配合，青年核心价值观的教育内容不断深化。在青年核心价值观的教育过程中，把社会主流意识形态的认同教育作为现当代的社会主义主流核心价值观教育，有更多有利的资源，更容易得到重视，传承教育和认知教育则是相对容易被忽略的一方。

要提高对中国传统文化的重视和对外来文化的认知，在对外来文化学习、吸收借鉴的基础上，保持中国传统文化特性，使中国传统文化的特性免于被遗忘、被抛弃，或出现断层的现象。在客观上，对外来因素的强势介入要善于用传统的力量与之相抗衡。青年对于传统并不是简单的拿来主义，在新的环境下，传统的形态和形式并不是一成不变的，而是在不断地变化，要与现代生活和当代社会相适应，让传统的价值理念在当代的语境和社会环境中得到再实践。

（二）青年核心价值观教育的多重路径

中国青年的核心价值观是中国青年价值标准体系中最为关键和核心的部分，价值标准体系指的是中国青年对于世界上各种事物对其自身是否有价值、价值多少以及为何具有如此价值的确认和认同，它需要回答的问题是中国青年认为自己是谁，他们从何处来，向何处去，他们认为对于自身的最大价值是什么，为什么以及如何实现等一系列问题。

从历史的角度来看，中国近代以前的青年认为自己是中华传统文化的继承者和实践者，他们从传统中来并将回归于此传统，他们的最大价值与中国传统文化的继承和实现密切相关。而到了近代以后，由于清朝封建文化的衰弱和帝国主义文化的强势介入，中国近代的青年在是否以及如何继承中华传统文化，是否以及如何学习外来文化方面处于矛盾和混乱之中，他们有些人是复古主义，有些人是"全盘西化"的倡导者，有些人信奉资本主义和三民主义，还有共产主义的信仰者和实践者，但其共同点都是救亡图存的爱国主义传统，并在一系列的博弈和斗争之后选择了社会主义和共产主义作为社会主流的核心价值观。

在新中国成长起来的一代年轻人接受社会主流核心价值观的影响并奉行之且在一定时间内保持稳定。到了改革开放之后，随着优秀传统文化的复兴和西方发达资本主义国家的文化传入，中国青年的核心价值观出现了更加丰富和多元的情况，表现为以社会主义主流核心价值观为主体，以中华传统文化为依托，以共产主义理想为期望，并学习和吸收了西方发达资本主义国家文化的内容。当然，中华传统文化中和西方发达资本主义国家文化中都既有精华也有糟粕，需要通过传统优秀文化、社会主义核心价值观文化和共产主义文化加以教育和引导，从而实现优化和发展。

对青年核心价值观进行教育和引导，利用各种方式方法对青年进行教育，从而引导和影响青年对于世界上各种事物对其自身是否有价值、价值多少以及为何具有如此价值的确认和认同。这种教育和引导是多元的，具有多重路径，从场所上可以分为家庭、学校和社会，从方式上可以分为学校的教育途径、大众传媒的传播途径和社会精英的言传身教途径等。第一，学校教育是现代社会塑造社会成员价值观最标准和最有效的场所和方式，一般来说，学校教育主要是社会主义主流价值观和共产主义理想文化的教育。第二，家庭教育是青少年最早接受教育的场所和方式，一般来说家庭教育主要是中华优秀传统文化的教育。第三，社会教育。社会教育则主要是多元丰富文化形成的场所和方式，一般来说社会教育主要是通过社会精英的言传身教和大众传媒的传播进行多元文化的接触和了解。西方发达资本主义国家文化的传播和渗透主要就是通过大众传媒来实现的，而青年的价值观也确实容易受到影响，对此我们需要保持警惕。我们要善于使用大众传媒文化等最新方式，结合家庭优秀传统文化教育和学校社会主义和共产主义文化教育等多元教育路径，对青年核心价值观教育进行引导。

三、关于青年核心价值观教育的进一步思考

从文化安全的角度考察青年核心价值观教育问题，有利于我们对青年核心价值观教育与现当代中国文化安全的关系有一个更理性客观的把握，进而从国家文化安全的高度重视和规划青年的核心价值观教育。青年的核心价值观教育在多大程度上会影响中国的文化安全，我们需要更客观地厘清文化安全与青年核心价值观教育的相互关系问题，谨慎地审视青年核心价值观教育的战略和战术问题，辩证地把握西方和东方语境下青年的核心价值观教育问题。

（一）文化安全与青年核心价值观教育的相互关系

当代中国是否出现了影响文化安全的危机或"不安全"因素，如果出现了，这些因素是什么？青年核心价值观教育与可能出现的中国文化安全危机的关系是怎样的？青年核心价值观教育和引导的方式方法在多大程度上对青年核心价值观的形成造成了影响？关于这三个重要问题的总结和思考如下：

首先，中国现当代文化安全存在一定程度的"不安全"因素，其主要表现是来源于外部，即不可避免地要受到西方发达资本主义国家强势文化的影响和渗透。存在中国文化"不安全"因素的原因，主要是西方发达资本主义国家既有意愿也有能力干扰和影响中国文化。西方发达资本主义国家文化是个人主义的文化，而中国是集体主义的文化，两者有较大的区别。这两者的区别不但是中国和西方发达国家的差异，也是西方发达国家和俄罗斯、印度等国家或文明的差异，也是世界文化竞争和博弈的焦点。

西方发达资本主义国家和中国文化在历史、现实和未来的表现形式上差异较大。在差异存在的前提下，中国和东方文化思考的是如何更好地共存，西方发达资本主义国家更多思考的是一方如何征服另一方。因此说西方发达资本主义国家有意愿干扰和影响中国文化安全。西方发达资本主义国家在经济、政治军事和文化方面确实具有一定的优势，而文化的优势往往以经济、政治、军事等方面的优势为基础、依托和证明，所以也具有相当程度的文化优势和空前强大的大众传媒工具和手段，对其他国家的文化进行影响和渗透。因此说西方发达资本主义国家有能力干扰和影响中国的文化安全。在意愿和能力都具备的前提下，西方发达资本主义国家在主动地、有计划和有步骤、有战略地对中国和其他国家的文化进行影响、干扰和渗透。然而这样的问题是可以得到解决的，其原因就如前所述的中国传统优秀文化、社会主义和共产主义文化具有相通合一之处，其巨大的合力会保证和促进现在的中国特色社会主义主流核心文化能够健康发展，并克服自身文化传统弊端和西方资本主义国家外来文化的不良影响。

其次，中国文化安全和青年的核心价值观取向息息相关。一方面，社会主义主流价值观和中华优秀传统文化都深度影响和塑造青年的核心价值观，另一方面，青年的价值观又容易受到传统文化弊端和外来文化的深刻影响。当这种负面影响达到一定程度时就会扭曲和破坏青年的核心价值观。而青年是社会的未来主流，如果青年的核心价值观出现了严重问题将会影响当前和未来的文化安全。

最后，教育和引导是能够影响青少年核心价值观取向的。其方式主要是通过家庭、学校和社会教育以及大众传媒和社会精英的言行对青年进行影响，使其既能够坚持中华优秀传统文化、社会主义和共产主义文化，又能够克服传统文化的弊端和西方发达资本主义国家不良文化的影响，同时吸收西方文化的优点，建立起正确、健康、多元、丰富和充满活力的核心价值观，进而有利于维护和发展中国的文化安全。

（二）青年核心价值观教育的战略与战术

在回答上述问题的基础上，应该通过怎样的手段教育和引导青年的核心价值观？有哪些方面可以做得更好？需要给出通过教育和引导青年核心价值观来维护和发展中国文化安全的具体的解决方案。在这些多元的方案中应该包括两个层面的解决方案，第一层是战略层面，第二层是战术层面。

首先，从战略层面来说，青年核心价值观教育要从中国的文化安全战略和中国文化未来发展的角度来谋划和布局。我们要从文化安全战略的全局性来考虑青年核心价值观教育的未来发展，充分认识青年核心价值观教育的战略性、重要性和任务的长期性和艰巨性。我们需要充分了解和研究文化安全的实质、中国文化安全的实质、现实中中国文化"不安全"因素的表现和原因，尤其是青年核心价值观教育对实现中国文化安全的作用和意义，思考如何通过对青年核心价值观教育进行引导，改善、保障和发展中国文化安全并克服文化危机的可能形态。一方面大力发展经济、政治和军事力量，另一方面大力发展社会主义和共产主义文化，大力发展中华优秀传统文化，同时在理解的基础上吸收和吸纳西方文化的精华。

现阶段，随着中国经济、政治等综合国力和实力的大大增强，中国大力发展的各种优秀文化事业也有了一定的成果。未来中国在经济、政治等综合国力和实力上进一步发展，在文化事业上也朝着发展出辉煌灿烂的优秀文化进一步努力。在青年核心价值观教育的过程中，青年对中国文化的优势和自信心也更加增强，能更加自觉和有能力抵制其他文化的渗透和影响。这既是中国文化发展的安全战略也是青年核心价值观教育的长远战略。

其次，在战术层面，主要是具体方法，要为青年核心价值观教育提供更多具体的文化和精神产品、教育路径以及具体的方式方法创新，为青年核心价值观教育提供更多的传播媒介和载体。例如，不但要通过官方正式机构发展文化和对外传播，也要大力支持民间机构发展文化和对外传播，传播的方式方法不但要通过正式的或严肃的方式进行传播，也应该大力使用青年和人民群众喜闻乐见的泛娱乐作品和大众传媒传播文化等轻松活泼的方式进行传播。在青年核心价值观的教育路径创新上，在传统文化的传承和教育方面，要处理好传统与现代的关系，我们应该认真思考如何将现有的私塾机构进行合理化、正规化和现代化。如果能够将传统文化和现代文化相结合，并在此基础上对青年进行现代化之后的传统文化教育，一定能收到更好的效果。此外，除了英语等西方文化的语言学习之外，要更加重视我们自身汉语和汉字的学习和传播。现在国家重视汉语和汉字的学习，并且越来越多的国外朋友热衷学习汉语和中华文化，就是非常好的现象。

不但官方的、正规的非营利性机构在生产和传播主流和优秀的文化产品，众多民间的公司等营利性商业机构也在通过各种人民群众和青年喜闻乐见的大众传媒方式生产和传播中华传统文化、社会主义和共产主义的文化产品，例如，很多优秀的中国风的武侠网络游戏、让西方人也大呼过瘾的网络小说、方兴未艾的汉服运动、全民热播的科幻电影《流浪地球》、讲述马克思一生传奇的国产动画《领风者》等。我们应该多支持和鼓励民间机构，尤其是民间机构中的青年人生产和传播这样的优秀文化产品，让青年人能够自信自豪和积极主动地为自己和为社会生产更加丰富多样和生机勃勃的文化产品。

注重语言的力量，汉语文字本身所传递的文化力量；在网络化领域，找到适合影响青年价值观的传播方式，比如游戏的设计；再借鉴一些其他国家的价值观教育路径等。我们注意到西方国家对价值观教育的重视和方法的运用，不论是西方还是东方，是一种相对的关系，而最本质和核心的是要善于挖掘本民族文化的特色并且对其进行强调。

（三）西方和东方语境下的青年核心价值观教育

从文化安全的视角研究青年的核心价值观教育问题，还要辩证地认识西方和东方的关系、东西方文化间的关系问题。把以美国、欧洲等主要的现代西方资本主义国家为代表的文化称为西方文化，把以我们中国自己为代表的文化称为东方文化。东方文化和西方文化表面上是地理位置和地缘关系差异所定义的不同文化类型，但如果从更深层次来看"东方文化"和"西方文化"的差异绝不只是地理方位的差异，而是两者具有各自独特深刻的基因特点，因而形成了两者深刻的差异。

西方文化主要有三个来源：第一个是犹太基督教文化，第二个是希腊罗马文化，第三个是西方近现代科学革命和民主制度。西方文化主要有以下特点：文化心理上是个人主义和自由主义，经济上是市场经济，意识形态上是资本主义，国际关系上是信奉和采取联盟平衡战略，并且相信自由、平等和竞争的多元的等级化未来世界。以中国为主的东方文化和西方文化有着不同的特质。现当代中国文化有两个来源：一个是中国文化自古以来一以贯之的传统文化，另一个是社会主义和共产主义文化。文化心理上是集体主义，经济上是计划和市场的混合经济，意识形态上是社会主义和共产主义，国际关系上是信奉和采取不结盟主义战略，相信天下大同的人类命运共同体的未来。

双方的差异和矛盾有着深刻的文化基因。东西方两者在民族、文化来源、文化心理、经济形态、意识形态和国际关系理念上都存在差异。虽然差异不一定就会带来矛盾，但是有些差异极容易导致矛盾的结果，尤其是信奉个人主义和实行资本主义，强调唯利是图和资本家利益的社会生产生活方式和意识形态的文明，具有强烈的对外干涉的动机和意图，因此面对和它如此不同的中国东方文化，容易产生矛盾和分歧。两者的博弈和竞争将影响中国文化安全的走向。现代西方发达资本主义国家希望中国能够全面接受市场经济、西方资本主义制度、信仰个人主义和自由主义精神，他们也希望中国成为西方文化和西方资本主义国家世界联盟体系的一部分。但是他们并不希望中国真正强大。因此，西方发达资本主义国家一方面遏制中国的发展，另一方面利用各种手段，包括文化干涉和渗透的手段改变和影响中国。中国一方面要积极抵御西方发达资本主义国家的各种干涉、影响和渗透，另一方面要大力发展自己的经济、政治、军事、科技和文化实力，并在一些方面取得了一定的成就和突破。

在两种文化未来的博弈和竞争中，东方文化如何保持自身的优势并与西方文化共同繁荣发展？这就需要中华文化一方面积极发展各项软硬实力，另一方面继续发扬自己极强的包容、学习、吸收和同化的能力，在继承中华优秀传统文化的基础上，在社会主义和共产主义的人类共同未来前景下，有选择、有条件和有步骤地吸收西方文化的优点，不断发展和创新中国东方文化，实现两种文化的和平共处和共同繁荣。中国文化一向追求至善，表现出生命的灿烂、美丽和光明的传统，不论是来自古代的中国传统文化还是走向未来的共产主义文化，都追求"至善"，相信"天下大同"，并为之而努力。在未来的文化博弈中，也可能发展出比现在的东西方文化更高一个层次的文化，妥善处理和消弭东西方文化的矛盾和冲突，并最终打造"人类命运共同体"文化，实现人类的永久和平和高度进化。在"人类命运共同体"文化实现的语境下，青年核心价值观教育的内容和方式也将发生相应的改变。而在"人类命运共同体"文化实现之前，中国青年核心价值观教育要更好地应对西方文化渗透对中国文化安全带来的现实挑战。

从这个角度来说，从文化安全的角度讨论青年的核心价值观教育问题，根源于东西方不同的文化基因和文化特质。两种文化的相处模式和未来走向将对中国青年的核心价值观教育产生重要影响。中华文明具有独特的价值取向，中国传统文化的价值理念在对人的生命存在方式的探讨上重视人性，关注人的道德，关注人生的意义和价值，关注它的社会功能和它所肩负的责任等。在关于文化和文明的内涵和实质的诸多理解中，其中一个共同特点就是主张文化的基础是思想，而思想的两个重要方面是价值取向和思维方式。因此，青年的价值取向和思维方式反映的是一个民族的文化底蕴。2022年5月27日，中共中央政治局就深化中华文明探源工程进行第三十九次集体学习时指出："中华文明源远流长、博大精深，是中华民族独特的精神标识，是当代中国文化的根据，是维系全世界华人的精神纽带，也是中国文化创新的宝藏。"① 在东西方语境下，我们要更好地研究和传承中国文化和中国文明，在青年的核心价值

---

① 习近平主持中共中央政治局第三十九次集体学习并发表重要讲话［EB/OL］.（2022－05－08）. https：//www. gov. cn/xinwen/2022－05/28/content_ 5692807. htm.

观教育过程中不断增强青年的历史自觉和文化自信。当代中国青年的核心价值观研究作为一个开放而极其重要的话题，需要在东西方文化的辩证关系下进行更深入细致的研究。

参考文献

中文文献

[1] 敖锋. 文化安全研究的多维探索 [M]. 北京: 中国言实出版社, 2017.

[2] 伯特兰·罗素. 中国人的性格 [M]. 王正平, 译. 北京: 中国工人出版社, 1993.

[3] 陈芝海. 大学生社会主义核心价值观教育研究 [M]. 北京: 光明日报出版社, 2013.

[4] 仓道来, 徐闻. 中西方青年价值观的冲撞与交融 [M]. 石家庄: 河北人民出版社, 2001.

[5] 曹泽林. 国家文化安全论 [M]. 北京: 军事科学出版社, 2006.

[6] 戴冰. 青年思想政治工作学引论 [M]. 上海: 上海交通大学出版社, 2019.

[7] 丁学良. 我读天下无字书 [M]. 北京: 北京大学出版社, 2011.

[8] 冯天瑜. 中华文化辞典 [M]. 武汉: 武汉大学出版

社，2001.

[9] 房宇，熊安锋，史明艳. 毛泽东思想和中国特色社会主义理论体系概论 [M]. 镇江：江苏大学出版社，2018.

[10] 高令印. 中国文化纲要 [M]. 厦门：厦门大学出版，1997.

[11] 郭建宁. 社会主义核心价值观基本内容释义 [M]. 北京：人民出版社，2014.

[12] 胡惠林. 中国国家文化安全论 [M]. 上海：上海人民出版社，2005.

[13] 胡惠林. 中国国家文化安全报告 [M]. 太原：山西人民出版社，2005.

[14] 胡惠林，等. 国家文化安全研究导论 [M]. 上海：上海人民出版社，2013.

[15] 约翰·鲁尔克，白云真. 世界舞台上的政治：插图第 12 版 [M]. 雷建锋，译. 北京：世界图书出版公司，2012.

[16] 何锡蓉，曹泳鑫. 核心价值体系构建与价值观研究 [M]. 上海：上海社会科学院出版社，2008.

[17] 韩源，董海浪，等. 中国文化安全研究 [M]. 北京：社会科学文献出版社，2022.

[18] 韩丽雯. 文化产业空心化与国家文化安全 [M]. 北京：北京交通大学出版社，2021.

[19] 韩震. 社会主义核心价值观第五讲 [M]. 北京：人民出版社，2012.

[20] 韩丽雯. 文化产业空心化与国家文化安全 [M]. 北京：北京交通大学出版社，2021.

[21] 黄鲁玛. 优秀地域文化资源在大学生社会主义核心价值观教育中的实践研究 [M]. 黑龙江人民出版社, 2020.

[22] 姜雪来, 李永山. 社会主义核心价值观与青年大学生素质提升 [M]. 南京: 河海大学出版社, 2018.

[23] 姜秀敏. 中国文化安全及其防御研究 [M] 北京: 中国社会科学出版社, 2021.

[24] 教育部高等学校社会科学发展研究中心编. 成果辑要 社会主义核心价值体系研究述评 [M]. 北京: 教育科学出版社, 2012.

[25] 李德顺. 价值论: 第二版 [M]. 北京: 中国人民大学出版社, 2007.

[26] 李金齐. 全球化时代的文化安全研究 [M]. 北京: 中国社会科学出版社, 2008.

[27] 梁漱溟. 中国文化要义 [M]. 上海: 上海学林出版, 1987.

[28] 刘济良. 青少年价值观教育研究 [M]. 广州: 广东教育出版社, 2003.

[29] 刘书林. 当代青年与社会主义核心价值观 [M] 南昌: 江西高校出版社, 2019.

[30] 李宇靖. 中西文明优秀基因视野下青年核心价值观的培育 [M]. //何云峰, 等主编. 理论经纬, 上海: 上海三联书店, 2016.

[31] 刘顺厚. 青年学生社会主义核心价值观的培育与践行——基于多元文化的视角 [M]. 上海: 复旦大学出版社, 2015.

［32］刘跃进，国家安全学［M］．北京：中国政法大学出版社，2004.

［33］陆建华．来自青年的报告：当代中国青年价值及其取向的演变［M］．沈阳：辽宁人民出版社，1992.

［34］罗光晔．当代大学生核心价值观培育研究［M］．北京：中国书籍出版社，2023.

［35］罗国杰．中国伦理学百科全书1　伦理学原理卷［M］．长春：吉林人民出版社，1993.

［36］中共中央马克思恩格斯列宁斯大林著作编译局．马克思恩格斯全集：第2卷［M］．北京：人民出版社，1986.

［37］中共中央马克思恩格斯列宁斯大林著作编译局．马克思恩格斯全集：第20卷［M］．北京：人民出版社，1971.

［38］中共中央马克思恩格斯列宁斯大林著作编译局．马克思恩格斯全集：第19卷［M］．北京：人民出版社，1986.

［39］毛泽东．毛泽东著作选读［M］北京：人民出版，1986.

［40］孟建，祁林．网络文化论纲［M］．北京：新华出版社，2002.

［41］潘一禾．文化与国际关系［M］．浙江大学出版，2005.

［42］潘一禾．文化安全［M］．杭州：浙江大学出版社，2007.

［43］钱穆．中国文化十二讲［M］．台湾：台湾三民书局，1983.

［44］社会问题研究丛书编辑委员会．文化安全与社会和谐［M］．北京：国家知识产权局知识产权出版社，2008.

［45］孙秀艳．社会主义核心价值观认同：来自青年公务员群

体的调查［M］. 北京：社会科学文献出版社，2023.

［46］石文卓. 新时代中国文化安全问题研究［M］上海：华东师范大学出版社，2021.

［47］石芳. 多元文化背景下的核心价值观教育［M］. 北京：人民出版社，2014.

［48］孙晶. 文化霸权理论研究［M］. 北京：社会科学文献出版，2004.

［49］塞缪尔·亨廷顿. 文明的冲突与世界秩序的重建［M］. 周琪，等译. 北京：新华出版，2002.

［50］塞缪尔·亨廷顿，彼得·伯杰. 全球化的文化动力：当今世界的文化多样性［M］. 康敬贻，等译. 北京：新华出版社，2004.

［51］塞缪尔. 亨廷顿，彼得·伯杰. 全球化的文化动力：当今世界的文化多样性［M］. 康敬贻，林振熙，柯雄，译. 北京：新华出版社，2004.

［52］沈洪波. 全球化与国家文化安全［M］. 济南：山东大学出版社，2009.

［53］谭书敏，张春和，等. 青年价值观培育研究：以社会主义核心价值观为引领［M］. 北京：人民出版社，2018.

［54］吴鲁平. 大学生政治社会化的结果研究：以"社会互构论"为理论视角［M］. 北京：社会科学文献出版社，2013.

［55］翁文艳. 社会主义核心价值观与青年领导力培育［M］. 北京：人民出版社，2021.

［56］万希平. "互联网＋"时代网络文化安全研究［M］. 天

津：天津人民出版社，2016.

[57] 武丽丽. 光明社科文库：文化安全的多重思考 [M]. 北京：光明日报出版社，2022.

[58] 吴翠丽. 传统美德的现代转化——基于社会主义核心价值观的研究视域 [M]. 南京：南京大学出版社，2023.

[59] 魏道履，沈忠俊，等. 伦理学 [M]. 厦门：鹭江出版社，1986.

[60] 王列，杨雪冬. 全球化与世界 [M]. 北京：中央编译出版社，1998.

[61] 王伟光. 中国社会价值观变迁 30 年 [M]. 北京：中国社会科学出版社，2008.

[62] 王燕文. 社会主义核心价值观研究丛书：总论 [M]. 南京：江苏人民出版社，2015.

[63] 习近平. 习近平谈治国理政：第 3 卷 [M]. 北京：外文出版社，2023.

[64] 于炳贵，郝良华. 中国国家文化安全研究 [M]. 济南：山东人民出版社，2007.

[65] 喻发胜. 文化安全：基于社会核心价值观嬗变与传播的视角 [M]. 武汉：华中师范大学出版社，2010.

[66] 杨业华. 当代中国大学生核心价值观研究 [M]. 北京：人民出版社，2011.

[67] 姚雯雯. 中国教育的文化基础研究 [M]. 北京：冶金工业出版社，2019.

[68] 赵子林. 中国国家文化安全论 [M]. 长沙：湖南大学出

版，2012.

[69] 赵延芳. 新时代的价值引领：青年社会主义核心价值观的认同与践行 [M]. 长春：吉林大学出版社，2020.

[70] 赵波，高德良. 西方文化渗透对我国文化安全的影响 [M]. 北京：中国传媒大学出版社，2012.

[71] 郑承军. 理想信念的引领与建构—当代大学生的社会主义核心价值观研究 [M]. 北京：清华大学出版社，2010.

[72] 张骥. 中国文化安全与意识形态战略 [M]. 北京：人民出版社，2010.

英文文献

[1] BENEDICT ANDERSON. Imagined Communities：Reflections on the Origin and Spread of Nationalism [M]. London and New York：Verso Press，1991.

[2] ERIK NEMETH，Cultural Security：Evaluating The Power Of Culture In International Affairs [M]. Hackensack，NJ：Imperial College Press，2015.

[3] TALCOTT PARSONS，EDWARD A. SHILS，eds. Toward a General Theory of Action [M]. Cambridge：Harvard University Press，2013.

[4] BLANCHARD，JEAN-MARC F，LU F J. Thinking Hard About Soft Power：A Review and Critique of the Literature on China and Soft Power [J]. Asian Perspective，2012，36（4）.

[5] CHO，YOUNG NAM，JONG HO JEONG. China's Soft

Power: Discussions, Resources, and Prospects [J]. Asian Survey, 2008, 48 (3) .

[6] DAVID ROTHKOPF, In Praise of Cultural Imperialism? Effects of Globalization on Culture [J]. Foreign Policy, Summer, 1997 (107) .

[7] GUPTA, AMIT KUMAR. Soft Power of the United States, China, and India: A Comparative Analysis [J]. Indian Journal of Asian Affairs, 2013, 26 (1/2) .

[8] HANG, NGUYEN THI THUY. The Rise of China: Challenges, Implications, and Options for the United States [J]. Indian Journal of Asian Affairs, 2017, 30 (1/2) .

[9] KALIMUDDIN, MIKAIL, DAVID A. Anderson. Soft Power in China's Security Strategy [J]. Strategic Studies Quarterly, 2018, 12 (3) .

[10] RENWICK, NEIL, CAO Q. China's Cultural Soft Power: An Emerging National Cultural Security Discourse [J]. American Journal of Chinese Studies, 2008, 15 (2) .

[11] LANTIS, JEFFREY S. Strategic Culture and National Security Policy [J]. International Studies Review, 2002, 4 (3) .

[12] JOSEPH S. NYE, JR. The Changing Nature of World Power [J]. Political Science Quarterly, 1990, 105 (2) .

[13] JOSEPH S. NYE, JR. Soft Power [J] Foreign Polocy, 1990, no. 80, Fall.

[14] JOSEPH S. NYE, JR. Public Diplomacy and Soft Power.

[J] The Annals of the American Academy of Political and Social Science, 2008 (616).

[15] JOSEPH S. NYE, JR. Soft Power and American Foreign Policy [J]. Political Science Quarterly, 2004, 119 (2).

[16] JOHNSTON, ALASTAIR IAIN. Thinking about Strategic Culture [J]. International Security, 1995, 19 (4).

[17] SHAMBAUGH, DAVID. China's Soft-Power Push: The Search for Respect [J]. Foreign Affairs, 2015, 94 (4).

[18] WILSON, ERNEST J. Hard Power, Soft Power, Smart Power [J] The Annals of the American Academy of Political and Social Science, 2008 (616).

[19] YI WEI WANG. Public Diplomacy and the Rise of Chinese Soft Power [J]. The Annals of the American Academy of Political and Social Science, 2008 (616).

[20] SHERR, JAMES. The Culture of Security and Defense [R]. The Militarization of Russian Policy, German Marshall Fund of the United States, Aug. 1, 2017.

[21] BLANCHETTE, JUDE. Ideological Security as National Security [R]. Center for Strategic and International Studies (CSIS), Dec. 1, 2020.